Wissenschaftliche Beiträge aus dem Tectum Verlag

Reihe Medienwissenschaften

Wissenschaftliche Beiträge
aus dem Tectum Verlag

Reihe Medienwissenschaften
Band 44

Benjamin Holz

Der Interviewer Günter Gaus

Politischer Anspruch und Authentizität im Fernsehen der jungen Bundesrepublik

Tectum Verlag

Benjamin Holz
Der Interviewer Günter Gaus
Politischer Anspruch und Authentizität im Fernsehen der jungen Bundesrepublik
Wissenschaftliche Beiträge aus dem Tectum Verlag,
Reihe: Medienwissenschaften; Bd. 44

Umschlaggestaltung: Tectum Verlag unter Verwendung dieser Abbildung:
»Berlin-Niederschönhausen, Günter Gaus vor Wohnhaus«, 20.06.1974,
Bundesarchiv, Bild 183-N0619-0303 / Koard, Peter / CC-BY-SA 3.0

ISBN 978-3-8288-4737-8
ePDF 978-3-8288-7836-5
ePub 978-3-8288-7837-2
ISSN 1861-7530

Gesamtverantwortung für Druck und Herstellung
bei der Nomos Verlagsgesellschaft mbH & Co. KG

Printed in Germany

Besuchen Sie uns im Internet
www.tectum-verlag.de

Bibliografische Informationen der Deutschen Nationalbibliothek
Die Deutsche Nationalbibliothek verzeichnet diese Publikation
in der Deutschen Nationalbibliografie; detaillierte bibliografische
Angaben sind im Internet über http://dnb.d-nb.de abrufbar.

Vorwort

Die im Medienstudiengang der Hochschule Magdeburg-Stendal entstandene Untersuchung von Benjamin Holz führt in die mittlerweile legendär gewordenen 1960er Jahre – jenes Jahrzehnt, in dem Westeuropa und die USA eine rasante politische und kulturelle Veränderung erfuhren. Die Dynamisierung des Wandels und seine große Reichweite hingen auch mit der gleichzeitigen Expansion des Mediensystems zusammen. Insbesondere das Fernsehen verbreitete sich in allen gesellschaftlichen Schichten und Regionen Westdeutschlands rasch. Es trug so zu einem religiöse, landsmannschaftliche und soziale Milieus überwölbenden Bild- und Diskursraum bei. Insofern förderte das mit dem Ende der 60er Jahre in den Rang eines Leitmediums aufgerückte Fernsehen die Entstehung eines gesellschaftlichen und politischen Selbst- und Eigenbewusstseins in dem neuen, aus den drei westlichen Besatzungszonen zusammengesetzten Staat, dessen umgangssprachliche Bezeichnung als »Bundesrepublik« – ohne einen Zusatz – wachsende Selbstverständlichkeit und Akzeptanz signalisierte.

Diese zugleich welterschließende und homogenisierende Rolle wurde durch das auch aus technischen Gründen begrenzte Angebot an Programmen gestützt. ARD und seit 1963 ZDF wurden lediglich durch die regionalen »Dritten« ergänzt, die nicht von allen Teilnehmern empfangen werden konnten. Die Wendung vom »Lagerfeuer der Nation« kam auf. Ein treffendes Bild, war das Lagerfeuer doch der Ort, an dem Geschichten erzählt und Verabredungen getroffen wurden. Das Fernsehen in den 60ern fungierte daher auch als Sozialisierungs- und Politisierungsagentur; überspitzt gesagt: es hatte zum Teil einen

Volkshochschulcharakter. Dokumentarspiele, Serien zu deutscher Geschichte der jüngsten Zeit, Fernsehspiele und politische Magazine wie »Panorama« wurden zu Stützen einer sich entwickelnden, vom Obrigkeitsstaat sich lösenden politischen Kultur. Ein dozierender Duktus wich dabei zunehmend einem erläuternden Stil näher der Augenhöhe mit dem Zuschauer.

Die Liberalisierung des Medienklimas wurde durch einen Generationswechsel vorbereitet und getragen. In den ersten Jahren des Dezenniums rückten jüngere Journalisten in Leitungspositionen in den Medien auf, die als Generation der »45er« in der sozialwissenschaftlichen Forschung begegnen. Die Kennzeichnung soll auf die angenommene lebensgeschichtliche Prägung dieser Jahrgänge von etwa 1927 bis etwa 1930 verweisen. Ihnen kam – so das Modell – eine Scharnierfunktion in dem Jahrzehnt der Öffnung ab den frühen 60er Jahren zu.

Die Untersuchung von Benjamin Holz führt an einem konkreten Beispiel in diese Zusammenhänge.

In einem kombinierten medien-, mentalitäts- und politikgeschichtlichen Ansatz und orientiert an einem Generationenkonzept im Sinne von Erfahrungskohorten widmet sich der Verfasser den Interviewsendungen von Günter Gaus (Jg. 1929), einem der profiliertesten Journalisten jener Zeit. Ein erster Schwerpunkt der Darstellung liegt auf der Rolle und dem auf Beeinflussung zielenden Medienverständnis des ersten Kanzlers der Bundesrepublik, Konrad Adenauer. An ihm profiliert der Verfasser das noch traditions- und autoritätsorientierte politisch-kulturelle Klima dieses unfertigen, gesellschaftlich labilen und politisch riskanten Nachfolgestaates des »Dritten Reiches«. Zugleich betritt mit Adenauer ein späterer Interviewpartner des Fernsehjournalisten Gaus die Bühne. Vor diesem Hintergrund verdeutlicht sich die Entwicklung des Gegenlagers anhand der Rolle des »Spiegel«-Journalismus und seines tragenden Generationenprofils. In diesem Kontext entfaltet Benjamin Holz eine präzise Analyse des von Gaus innovativ entwickelten Sendeformats, das Standards etablierte.

Zugleich entsteht ein Bild von politischen Konfliktlagen in der frühen Bundesrepublik und deren Bearbeitungsform durch Gaus im Spiegel dieser genau kalkulierten Interviews.

Berlin, im Januar 2022 Berthold Petzinna

Inhalt

Einleitung

Handschriftlich korrigierte der neununddreißigjährige Fernsehinterviewer Günter Gaus das Vortragsmanuskript: »Dieses Thema kann nur, wenn es nicht anmaßend behandelt werden soll, als die subjektive Bestandsaufnahme eines Journalisten verstanden werden.«[1]

Einleitende Zeilen eines kritischen Geistes, dazu bestimmt, künftig als Eröffnungsworte vor Redakteuren und Pressevertretern der späten sechziger Jahre vorgebracht zu werden, um anschließend über politische Sendungen referieren zu können. Ob der Text jemals zum Vortrag kam ist ungewiss.

»Ich lege zu Beginn also großen Wert darauf, dass es sich um das Einsichtsprodukt empirischer Soziologie handelt und nicht von Gesinnungssoziologie, wie ich das andere gerne nennen würde«,[2] schrieb Günter Gaus, der es »nicht immer« schaffte, »die Leute zu überzeugen, dass es vielleicht auf dem rationalen Weg besser wäre, als auf dem emotionalen«.[3] Günter Gaus stellte Vernunft immer vor Gesinnung. Fragen waren ihm »gemäßer als Antworten«, in einer Zeit, in der »Fragen das Ehrliche sind und Antworten nur Notbehelfe«.[4] Das Manuskript dient dieser Untersuchung als Leitfaden bei der Analyse seiner Interviewsendungen *Zur Person* und *Zu Protokoll.* Es wird der Versuch unternommen, den Interviewer der sechziger Jahre

---

1 vgl. Gaus, Günter. 1968. Report, Panorama, Monitor. S. 1

2 vgl. ebd.

3 vgl. Gaus, Günter. In: Dieckmann, Christoph und Unger, Johannes. 1999. Günter Gaus – Der beständige Vertreter 3/3. [12:45]

4 vgl. ebd.

zu portraitieren. Verstand Günter Gaus sich selbst als Präferenz für pragmatisches politisches Handeln?

Das Folgende betrachtet zunächst die Person Günter Gaus, verschafft Überblick über die Medienlandschaft der westdeutschen Nachkriegswelt, widmet sich schließlich dem politischen Anspruch in zeitgenössisch-soziologischen Kontexten und stellt die Frage nach Handlungsinventaren, Wirkungen und Authentizität im offenen journalistischen Interview. Der Generationenbegriff folgt dabei der Darstellung Christina von Hodenbergs. Der Generationenbegriff ist vage, hat sich aber im Zuge der Interpretation aus dem Material heraus weiter gestaltet und als heuristisch fruchtbar erwiesen.

I. Zur Person: Günter Gaus

> »Journalist zu sein erschien wie eine Mischung aus weiter Welt, gehobenem Privatdetektiv, Schiedsrichter der Politik und gemäßigter Boheme.«[5]

So wenig Günter Gaus sich selbst politische Schwäche erlaubt hätte, um so größer war seine sympathische Schwäche für einen schnöseligen Habitus. Von seinem ersten journalistischen Honorar leistete sich der damals zwanzigjährige Hospitant »eine schweinslederne Kollegmappe« die er bald darauf im Pfandhaus gegen Bares tauschte und nie wieder abholte.[6] In seiner Autobiographie *Widersprüche* erzählt der zuweilen bescheiden wirkende Günter Gaus sein bewegendes Leben und schwärmt von sich selbst als den »gut gekleideten jungen Mann«, mit »dem grauen Borsalinohut von der Konfirmation 1944«.[7] Als er später beim Münchner *Echo der Woche* volontierte und eine »Weiterbildung im Fasziniertsein« erfuhr, war es gänzlich um Günter Gaus geschehen, als er auf den Journalisten Hans Habe traf.

> »Erinnernswert aus dieser Zeit ist allein eine Begegnung mit einem Herrn von einem anderen Stern: Hans Habe. Ich war geblendet von seinem Snob appeal, hingerissen von seinen maßgeschneiderten Anzügen und handgenähten Schuhen, betört von seiner schönen

5 Gaus, Günter. 2004. Widersprüche. S. 146
6 vgl. ebd. S. 142
7 vgl. ebd. S. 148

> Frau Eloise, die ihn ein paar Mal in der Redaktion besuchte und einige Tropfen Indianerblut in ihren nordamerikanischen Adern haben sollte; entzückt von seinem ungarischen Akzent, der seinem genäselten Deutsch unterlegt war. Ich wollte ihm dienen.«[8]

Gestatten, Günter Gaus. Kaufmannssohn, Studienabbrecher, Journalist, Fernsehmoderator, Autor, Chefredakteur, erster Ständiger Vertreter der BRD in der DDR, Staatssekretär, Wissenschaftssenator, Mitglied im Rundfunkbeirat, Empfänger des Deutschen Kritikerpreises,[9] des Hanns-Joachim-Friedrichs-Preises und dreifacher Grimmepreisträger.[10]

Nach dem Abitur 1949 begann Günter Gaus zunächst ein Germanistik- und Geschichtsstudium, welches er kurz darauf abbrach. Nach mehreren Zwischenstationen als politischer Redakteur in Tageszeitungen führte eine persönliche Einladung und schmeichelndes Umwerben des Herausgebers Rudolf Augstein[11] den einstigen Gemüsehändlersprössling, und selbsternannten »nicht praktizierenden Anarchisten«[12], schließlich 1958 in die Redaktion des politkritischen Magazins *Spiegel*, welchen der frisch gebackene »Ressortleiter für ›Internationales‹« Günter Gaus selbst stolz als »Geheimloge« bezeichnete.[13]

Ab 1963 wurde Günter Gaus schließlich Fernsehmoderator und als »bekannter Hinterkopf« zur Person öffentlichen Interesses. Von Hans Herbert Westermann, Hauptabteilungsleiter für Politik und Zeitgeschehen im ZDF angeworben[14], portraitierte Günter Gaus bis 2004 gut vierzig Jahre lang alles, was Rang und Namen hatte, in 245 Inter-

8 ebd. S. 153 f.
9 nach: Rundfunk Berlin Brandenburg. 2008. Biografie. Günter Gaus.
10 vgl. Gaus, Günter. 1999. In: Bayrischer Rundfunk. 1999. Günter Gaus. Journalist im Gespräch mit Werner Reuß.
11 vgl. Gaus, Günter. 2004. Widersprüche. S. 164 ff.
12 vgl. Gaus, Günter. 1999. In: Bayrischer Rundfunk. 1999. Günter Gaus. Journalist im Gespräch mit Werner Reuß.
13 vgl. Gaus, Günter. 2004. Widersprüche. S. 170
14 vgl. ebd. S. 186

views.[15] Die Interviewreihe *Zur Person*, die später auch *Zu Protokoll* und *Deutsche* hieß, bedeutete für Günter Gaus immer »eine anspruchsvolle Sendung für eine Minderheit.«[16]

> »Außenseiter, Abweichler – nicht Sektierer, nicht Spinner, nicht Fanatiker – haben mich mein Leben lang besonders interessiert.«[17]

Mit Fernsehen hatte Günter Gaus nichts am (Borsalino-)Hut und er besaß auch keinen Fernseher, denn für seine Frau und ihn war »wichtigeres zu tun« als allabendlich vor der Flimmerkiste zu sitzen.[18] Vor der Aufzeichnung seines ersten Fernsehinterviews mit dem damaligen Wirtschaftsminister und angehenden Bundeskanzler Ludwig Erhardt, führten Günter Gaus und Produzent Hans Herbert Westermann ein Probeinterview mit dem Schriftsteller Hans Werner Richter, was mangels Vorbereitung seitens Günter Gaus völlig in die Hose ging.[19] Dies als Lehre nutzend, entwickelte sich die Portrait-Reihe anschließend zur »bedeutendste[n] Interviewsendung in der deutschen Fernsehgeschichte«.[20] Mit beharrlicher Strenge[21] stellte Günter Gaus seinen prominenten Gästen perfekt ausformulierte Fragen, die er – weil sie nicht rascheln – auf Strumpfhosenpackungen seiner Frau Erika notierte.[22]

15 vgl. ebd. S. 355 ff.
16 vgl. ebd. S. 193
17 ebd. S. 183
18 vgl. Gaus, Günter. 2004. In: Willemsen, Roger. 2004. Mit einer Frage auf den Lippen.
19 vgl. Gaus, Günter. 2004. Widersprüche. S. 188 und Gaus, Günter. 2004. In: Willemsen, Roger. 2004. Mit einer Frage auf den Lippen.
20 vgl. Artikel: o. A. o. J. Zur Person.
21 vgl. Gaus, Günter. 2004. Widersprüche. S. 103
22 vgl. Gaus, Günter. 2004. In: Willemsen, Roger. 2004. Mit einer Frage auf den Lippen.

Widersprüche

Als waschechter »45er«, geboren am 23. November 1929 in Braunschweig, war Günter Gaus' Kindheit sicher keine leichte. Die Kriegswirklichkeit, die seiner Generation der »45er« in die Wiege gelegt wurde, war für jene als Kinder und Jugendliche tägliche Normalität – die kritiklose Leichtgläubigkeit gegenüber dem vorherrschenden System und seinen Strukturen wich erst mit dem Kriegsende 1945 dem kritischen Hinterfragen und kompromisslosen Ablehnen obrigkeitlichen Diktats.

> »Das Naive beharrte auch im wirksamer werdenden Bombenkrieg, unter wachsenden Ängsten und Schrecken, auf seinem jugendlichen Lebensrecht. Neben ihm, es schließlich doch erstickend, entwickelte sich eine Frühreife. Vom Jahre 1941 an bereitete der Krieg mir Erfahrungen, deren Bedeutung ich nicht sogleich ganz erkannte, aufgrund derer ich aber, als der Krieg 1945 für Hitlers Deutschland verlorenging, nicht aus allen Wolken fiel, wegen der von Deutschen begangenen Verbrechen.«[23]

Günter Gaus. Berufswunsch: Soldat.[24] Für seine Generation der Flakhelfer und Hitlerjungen nicht unüblich, brannte auch Günter Gaus nur darauf, endlich für Adolf Hitler in den Krieg zu ziehen.[25]

> »Wenn ich davon sprach, sah mich mein Vater abschätzig an, so empfand ich, und meiner Mutter wurden die Augen feucht. In der kleinen Familie wurde dann schnell von etwas anderem gesprochen.«[26]

23 Gaus, Günter. 2004. Widersprüche. S. 68 f.
24 vgl. ebd. S. 34
25 vgl. ebd. S. 57 f.
26 ebd. S. 57

Am 15. Oktober 1944 kam mit dem massivsten Bombenangriff in der Geschichte Braunschweigs der Krieg nach Hause. An kleinere Angriffe gewöhnt, wartete Günter Gaus auch diesen im vermeintlichen Schutz des Kellers ab – diesmal jedoch im Luftschutzkeller des Krankenhauses, in dessen Kinderstation er sich in Quarantäne begeben musste. Das Krankenhaus, in dem der an Scharlach erkrankte Günter Gaus eigentlich der gesundheitlichen Kuration zugeführt werden sollte, wurde durch den Bombenangriff zu großen Teilen zerstört, was für den jungen Günter einen verfrühten und eigenverantwortlichen Antritt des Heimwegs bedeutete. Das gesamte Szenario – die Wucht des Angriffs britischer Flugzeuge, die verheerende Zerstörungskraft der Brandbomben und die erschütterten Reaktionen der Menschen – bewegte den jungen Günter Gaus zutiefst.

> »Ich kann die Bilder von damals ohne weiteres beleben: Die Häusertrümmer, aus denen verkohlte, da und dort noch schwelende Balken hervorstachen. Die offen klaffenden Häuser in der Kulissenhaftigkeit ihrer noch stehenden Innenwände, an denen bis in den obersten Stock hinauf die Tapetenreste der einstigen Wohnzimmer zu erkennen waren. Die Bemühungen von Feuerwehrleuten, Luftschutzhelfern, Hitlerjungen, Zwangsarbeitern, sich an einigen Trümmerhaufen bis in den Keller durchzuwühlen nach etwaigen Überlebenden, von denen noch Klopfzeichen zu vernehmen gewesen waren. Die gespenstischen Ruinen, auf deren staubigen Höhen sich Angehörige von Hausbewohnern eingefunden hatten, Fronturlauber dann und wann, die in ihrer Verzweiflung beredt genug waren, um die Hilfskräfte zum Graben und Beiseiteräumen von Steinen anzubetteln, obwohl nichts mehr unter dem Schutt zu hören war. Die rußgeschwärzten Frauen mit Kindern an der Hand, manche mit Kinderwagen. Die hilflosen Alten. Die Überlebenden schienen umherzuirren, waren aber wohl doch zielstrebig. Sie sprachen zunächst wenig. Die vorherrschenden menschlichen Geräusche – unter lärmendem Feuer und dem Krachen jetzt erst

einstürzender Mauen – waren Keuchen, schweres Atmen und Schluchzen. Und über allem die ziehenden Rauchschwaden. Der Besitz dieser Bilder, die Kraft, sie mir zu vergegenwärtigen, ist ein Teil meiner Identität.«[27]

Wenige Monate später, nach mehreren Schulungen an Panzerfaust und Karabiner 98, gepaart mit gemischten Gefühlen aus »Angst, kindlicher Abenteuerlust und Stolz, schon so gut wie Soldat zu sein«, sollte Günter Gaus nun 1945 an der Front gegen die Amerikaner kämpfen.[28] Die Kriegswirklichkeit als Kindersoldat auf dem Weg zur Front hielt für Günter Gaus jedoch nicht lange an – nur ein paar Tage zog er gemeinsam mit anderen Jungsoldaten bis zum Kriegsende durch das Braunschweiger Umland. Aus dem Gewahrsam seiner Truppe geflohene Gefangene, die zum Tragen der Erdbeermarmelade verpflichtet wurden, bedeuteten für Günter Gaus eine Erleichterung, da das von seinen jugendlichen Kameraden geplante, anschließende Erschießen dieser nun ausblieb. Je näher die ab und an durch den Feldstecher erspähten Amerikaner rückten, desto näher rückte auch das Kriegsende und der Sieg der Alliierten Truppen über Hitlers Wehrmacht. Der sechzehnjährige Günter Gaus entkam in letzter Sekunde dem erbitterten und aussichtslosen Kampf an der deutschen Kriegsfront.[29]

Im April 1949 kommt Günter Gaus nach zwei Nächten Fußmarsch zu Hause an. Im heimischen Braunschweig war bereits Frieden eingekehrt.

»Meine Mutter wußte: ›Du kannst die ganze Nacht durchschlafen. Wir haben Frieden.‹ In Berlin wurde noch gekämpft. Aber wir hatten unseren Frieden. Seither gehören zu meiner konkreten Vor-

27 ebd. S. 94
28 vgl. ebd. S. 102
29 vgl. ebd. S. 102 ff.

stellung von ihm die zwei Kennzeichen: Die Flugzeuge über uns sind jetzt unsere. Du kannst die ganze Nacht durchschlafen.«[30]

30 ebd. S. 107

II. Westdeutsche Medien: Ratio, Demokratie und Liberalismus

Das Kriegsende im Sommer 1945 bezeichnete das Ende einer antiliberalen, demokratiefeindlichen Herrschaft unter der Führung der NSDAP und Adolf Hitler – eine totalitäre Diktatur, die erst durch Massenbegeisterung und durch den Anpassungswillen der Bevölkerung möglich wurde.

In der Nachkriegszeit herrschte fürs Erste Unordnung. Das vermeintlich siegreiche Deutschland fand sich nach dem Zweiten Weltkrieg völlig am Boden wieder und musste grundsätzlich neu aufgebaut werden. Erklärte Ziele der Besatzer: »Entnazifizierung, Ausrottung des Militarismus, Erziehung zur Demokratie, Wiedergutmachung, Verhinderung von Rüstungsproduktion.«[31] Das Ende der deutschen Schreckensherrschaft und die Errichtung eines neuen freiheitlichen und demokratischen Systems bedeutete für Günter Gaus einen Zusammenbruch aller gekannten ideologischen Werte.

> »Im Rückblick weiß ich, dass in jenen Jahren meine lebenslange Grundüberzeugung sich bildete, gemäß der alle politische Moral, jedes politische Handeln gerichtet sein soll auf die Herrschaft des Gemäßigten, auf das den schwachen Menschen Bekömmliche und Zuträgliche.«[32]

---

31 nach Benz, Wolfgang. 2005. Infrastruktur und Gesellschaft im zerstörten Deutschland.

32 Gaus, Günter. 2004. Widersprüche. S. 123

Erinnerungen

Dass die deutsche Bevölkerung zu Kriegszeiten in Massen hinter ihrem Führer stand, kam nicht von ungefähr. Propaganda und Täuschung gehörten zum Tagesgeschäft der Werbung für Volk und Vaterland. Kino, Funk und Zeitungen idealisierten den Heldentod an Deutschlands Fronten als »Opfer« für den »völkischen Existenzkampf«, während jedweder Einfluss nichtdeutscher Medien wirksam unterbunden wurde. Das Programm der Medien des Dritten Reichs verschmolz Front und Heimat massenwirksam zu einer geschlossen kämpfenden Einheit.[33]

> »Im Grunde hat meine Besinnung in den ersten Nachkriegsjahren als Wichtigstes bewirkt, daß ich die sogenannten kleinen Leute in ihrer Anpassung ans Tonangebende, ans Vorherrschende verstanden habe. [...] Schon als schnell aufbrausender, erbittert diskutierender Heranwachsender war ich geneigt, als Älterer dann aus Überzeugung gewillt, Anpassung als ein Menschenrecht der Schwachen zu erklären; ein Recht, freilich, nur der Schwachen. Ich habe mich in diesem Zusammenhang, womöglich leichtfertig, nie als einen Schwachen angesehen.«[34]

Die eigene Anpassung an das System verstanden jedoch einige Medienschaffende als die sicherste Variante ihrer beruflichen und persönlichen Zukunft während der NS-Zeit – sofern es ihnen denn möglich war, sich anzupassen, denn nicht jeder Journalist durfte während des Dritten Reichs offiziell praktizieren. Pressefreiheit war während des Nationalsozialismus Fehlanzeige. Linksgerichtete Journalisten wurden von vornherein aussortiert. Die Berufsbezeichnung des Journalisten wurde nach der Machtübernahme 1933 alsbald durch »Schriftleiter« ersetzt, Chefredakteure wurden zu »Hauptschriftleitern«. Wer als

33 diese Angaben nach Echternkamp, Jörg. 2015. Kriegsideologie, Propaganda und Massenkultur.

34 Gaus, Günter. 2004. Widersprüche. S. 132

Schriftleiter tätig sein wollte, hatte sich fortan zum Nationalsozialismus zu bekennen und den Anweisungen des Regimes Folge zu leisten. Freiheitliche oder gar kritische Berichterstattung war unter dem Regiment von Joseph Goebbels als Reichsminister für Volksaufklärung und Propaganda illegal geworden. Die Medien im Dritten Reich fungierten schließlich als Instrument der NS-Ideologie und unterstanden der totalen Kontrolle des Staatsapparats.[35] Seit dem 4. Oktober 1933 regelte das sogenannte Schriftleitergesetz jegliche journalistische Berichterstattung – hauptsächlich verstanden als NS-Propaganda -, legte Berechtigungen fest und stellte Verstöße unter Geld- oder Haftstrafe.[36]

35 vgl. Bundeszentrale für politische Bildung. 2018. NS-Schriftleitergesetz: Journalisten als Staatsdiener.

36 Auszug aus dem Schriftleitergesetz vom 4. Oktober 1933: »Schriftleiter kann nur sein, wer: [...] die bürgerlichen Ehrenrechte und die Fähigkeit zur Bekleidung öffentlicher Ämter nicht verloren hat, [...] arischer Abstammung ist und nicht mit einer Person von nichtarischer Abstammung verheiratet ist. [...] Durch die Eintragung in die Berufsliste erlangt der Schriftleiter die Befugnis, [...] seinen Beruf auszuüben. [...] Schriftleiter sind [...] verpflichtet, aus den Zeitungen alles fernzuhalten [...] was geeignet ist, die Kraft des Deutschen Reiches nach außen oder im Innern, [...] zu verletzen. [...] Wer sich als Schriftleiter betätigt, obwohl er nicht in die Berufslisten eingetragen oder obwohl ihm die Berufsausübung vorläufig untersagt ist, wird mit Gefängnis bis zu einem Jahre oder mit Geldstrafe bestraft. [...] Wer es unternimmt, einen Schriftleiter oder einen Verleger oder dessen Vertreter durch Androhung eines Nachteils zur Vornahme, Herbeiführung oder Duldung einer gegen [...] [dieses Gesetz] verstoßenden Gestaltung des geistigen Inhalts einer Zeitung zu bestimmen, wird wegen Pressenötigung mit Gefängnis oder mit Geldstrafe bestraft. [...] [Es] kann neben Gefängnis auf Verlust der bürgerlichen Ehrenrechte erkannt werden. [...] Wer sich Schriftleiter nennt, obwohl er nicht in die Berufslisten eingetragen ist, wird mit Geldstrafe bis zu 150,- Reichsmark oder mit Haft bestraft. [...] Der Reichsminister für Volksaufklärung und Propaganda kann im Einvernehmen mit den übrigen beteiligten Reichsministern Verordnungen zur Durchführung dieses Gesetzes und zur Überleitung des bisherigen Rechtszustandes in den neuen erlassen.« Deutsches Pressemuseum. o. J. Schriftleitergesetz.

Eliminierung

Zwölf Jahre später – mit dem Ende des Zweiten Weltkriegs 1945 – befanden sich die Medien des geschlagenen Dritten Reiches zunächst einmal lahmgelegt. Als erste Maßnahme steuerte ein »totales Publikationsverbot« gegen die Propagandatradition. Auf Grundlage des *Gesetzes No. 191* vom 24. November 1944 wurden alle Verlage und Rundfunkstationen geschlossen.[37] Diesen »monopolähnlichen nationalsozialistischen Propagandaapparat« galt es nun gründlich zu »reinigen«. Die alten Medien waren vollkommen durchzogen von regimehörigen Journalisten, was eine völlige Neugestaltung unabdingbar machte. »Besitzverhältnisse, Presserecht, Funkanstalten und Verlage« wurden durch die Besatzungsmächte gründlich entkernt und neugeordnet. In der Übergangsphase ab Kriegsende durften »nur Zeitungen unter direkter Kontrolle der Besatzer« ihren Dienst aufnehmen. Noch im Sommer 1945 wurden jedoch wieder erste Lizenzen an deutsche Zeitungen vergeben.[38] Günter Gaus erinnerte sich:

> »Die alten Zeitungen, unvermeidlich verbunden mit dem besiegten NS-Regime, waren mit Kriegsende eingestellt worden. Die Herausgeber der neuen Blätter sollten als einzelne je eine der Hauptrichtungen des befreiten politischen Pluralismus repräsentieren und als Herausgebergremium der jeweiligen Zeitung die Vielfalt in einer demokratischen Einheit demonstrieren. […] Alle Herausgeber von Zeitungen und Zeitschriften mussten Distanz

37 vgl. Military government. um 1945. Germany, Supreme commander's area of control, »Law No. 191« / Militärregierung – Deutschland, Kontroll-Gebiet des obersten Befehlshabers, »Gesetz Nr. 191« (Suspension of press, radio and entertainment, and prohibition of activities of the Reichsministerium für Volksaufklärung und Propaganda / Einstweilige Schließung des Zeitungsgewerbes, Rundfunks, Vergnügungsgewerbes, und Untersagung der Tätigkeit des Reichsministeriums für Volksaufklärung und Propaganda).

38 vgl. Hodenberg, Christina. 2006. Konsens und Krise. S. 103

zur nationalsozialistischen Herrschaft gehalten haben. [...] Etwas anderes sollte politisch entstehen, als das, was untergegangen war.«[39]

Grundsätzliches Anliegen der Westalliierten während der Medien-Lizenzphase von 1945–1949 war die Ausrottung jeglichen Gedankens einer innerstaatlichen, vaterlandsliebenden Überlegenheit der Deutschen gegenüber anderen Völkern und die Befreiung des deutschen Journalismus von eben jenen Strukturen. Die neue journalistische Praxis orientierte sich klar an liberal-demokratischen Modellen der westlichen Welt. So wurde im Anschluss an die staatsideologische Diktatur ein neues demokratisches Mediensystem geschaffen, welches die Medien selbst als Instrumente der Aufklärung und als Repräsentantinnen demokratischer Werte verstand, mit dem Ziel, eine westlich-intellektuelle Öffentlichkeit zu schaffen. Der deutsche Journalismus wurde in seinen Grundsätzen völlig neugeordnet, um dauerhaft gegen die alten Traditionen bestehen zu können. Während zu NS-Zeiten zumindest eine Nähe zur herrschenden nationalsozialistischen Partei nötig war, um journalistisch tätig sein zu dürfen, war jetzt ein absolutes und unnachgiebiges Ausschlusskriterium, jemals in der NSDAP gewesen zu sein. Politische Nähe allerdings, in Form eines direkten Drahtes zu Politikern und einer gemeinsamen politischen Ausrichtung, war für den neuen – noch immer meist männlichen – Journalisten weiterhin unerlässlich, um die öffentliche Aufgabe des Journalismus ausüben zu können. Das Musterbeispiel eines jungen Nachwuchsberichterstatters besaß eine gewisse Hingabe und Engagement, betrachtete die Welt als Ganzes, war der englischen Sprache mächtig und wissbegierig bezüglich der journalistischen Tätigkeit. Wichtiger noch als journalistisches Know-how, war eine antifaschistische, oder zumindest NS-distanzierte Biografie grundsätzliche Voraussetzung für eine journalistische Position in den oberen Reihen der Nachkriegsmedien.[40] Aufgrund der Aus-

39 Gaus, Günter. 2004. Widersprüche. S. 146 f.
40 vgl. Hodenberg, Christina. 2006. Konsens und Krise. S. 102 ff.

schlusskriterien der westalliierten Besatzer kamen dafür jedoch letztlich nicht mehr viele potenzielle Journalisten in Frage. Wer dazugehörte genoss natürlich einen gewissen »Karrierevorteil«.[41]

Der Protest, der nun aussortierten Medienfachmänner, ließ nicht lange auf sich warten und fiel heftig aus – dauerte jedoch nicht lange an. Während die alliierten Beobachter in ihrer Kontrollfunktion nachlässig wurden, fanden viele alte nationalsozialistische Mediengestalter schon ihren Weg zurück in die Branche.[42] Männer, die einst für das Auswärtige Amt Propaganda machten, bildeten in der Nachkriegszeit rechtsgerichtete Kreise gemeinschaftlichen, journalistischen Wirkens.[43] Medienschaffende Eliten beider Generationen wirkten von nun an parallel im Journalismus der späten vierziger Jahre.[44]

Eliten und öffentliche Meinung

Direkte Absichten der westalliierten Mediensteuerung in der fast fünfjährigen Lizenzphase nach dem Zweiten Weltkrieg waren die personelle Auswechslung führender Journalisten und die komplette Überarbeitung der publizierten Werte. Den Mix aus Information und individuellen Stellungsbezugs – also die Veröffentlichung einer für das Publikum unwissentlich publizierten, subjektiven Wahrnehmung und die damit verbundene Beeinflussung der öffentlichen Meinung – galt es zu beseitigen. Die Arbeitsweise der Journalisten musste grundlegend rehabilitiert werden. Nachrichtenvermittlung und persönliches Urteil war fortan offenkundig und klar getrennt voneinander zu behandeln und selbst geringste Neigungen zu vermeiden. Gründliche und aufmerksame journalistische Nachforschungen sollten modernen Demokratiemissionaren als Grundlage dienen, mediale Inhalte exakt auf

41 vgl. ebd. S. 111
42 vgl. ebd. S. 118 und 125
43 vgl. ebd. S. 127 f.
44 vgl. ebd. S. 132 f.

den Punkt zu bringen und mit eindeutigen Quellen zu belegen. Die Besatzer bemängelten eine einseitige Berichterstattung und schlugen vor, tendierende Schlagzeilen zu streichen, den Einsatz indirekter Rede möglichst sparsam zu halten und konkrete Formulierungen zu verwenden. Vermeintliche Tatsachen müssten immer auf ihren Wahrheitsgehalt kontrolliert werden und Angeklagte seien bis zum Beweis der Schuld immer als unschuldig anzusehen. Auch gemeinschaftliches Arbeiten in den Redaktionen und die Aufnahme von Leserbriefspalten empfahlen die Medienkontrolleure. Der deutsche Journalist sollte lernen, sich selbst unvoreingenommen als objektiven Erzähler in die Gesellschaft einzubringen. Die traditionelle Auffassung, Publizisten hätten die öffentliche Meinung zu beeinflussen, sollte abgelegt werden.[45]

> »Es wird an unsereins sehr oft die Forderung gestellt, du mußt doch eigentlich, so wie die Welt beschaffen ist, Pädagoge sein. Ich glaube, daß diese Aufforderung an dem, was ich sein muß als Journalist, ganz und gar vorbeizielt.«[46]

Die Realität des Nachkriegsjournalismus gestaltete sich mit seinen Journalisten jedoch anders: Als ein »Beharren auf der deutschen Ausprägung des Gesinnungsjournalismus« und ein »Festhalten der Redaktionen an der Tradition«. Auch im Anschluss an die Lizenzphase hielten es die Amerikaner deshalb für nötig, die Gestaltung der deutschen Medienlandschaft hier und dort zu korrigieren. Größtenteils befreiten sie die Medienhäuser von propagierenden Nationalisten, dennoch hielten sich vereinzelte Stellungen in höheren Postionen. Die »Machtkämpfe« beider Gegner – Traditionsverfechter auf der einen und die liberalen Ritter der Freiheit und Demokratie auf der anderen Seite – hielten bis weit in die fünfziger Jahre hinein an.[47]

45 vgl. ebd. S. 133 ff.

46 Gaus, Günter. 1968. Report, Panorama, Monitor. S. 7

47 vgl. Hodenberg, Christina. 2006. Konsens und Krise. S. 138 ff.

Neuer Staat und neue Medien

Die Trennung zwischen Staat und Medien verlief im neuen Deutschland zunächst noch schleppend. Über die Lizenzphase hinaus, bis 1960, konnten deutsche Rundfunkanstalten nur mit dem Einverständnis der Westalliierten ihren Betrieb ausführen, um möglichen Einschränkungen der journalistischen Freiheit vorzubeugen. Diese erweiterte Kontrolle und der Beschluss freiheitlich orientierter deutscher Pressegesetze durch die Deutschen waren Voraussetzung für die Aufhebung des Lizenzwesens. Ein Gesetzesentwurf der SPD, das *Högner-Gesetz* von 1947, welches extreme oder unwahre Beschuldigungen gegen staatliche Prominenz unter Haftstrafe von mindestens sechs Monaten stellen sollte, scheiterte. Die Westalliierten sahen mit Sorge auf diese ersten Versuche, Pressegesetze zu verabschieden, welche staatliche Instanzen nicht zur Herausgabe von Informationen verpflichteten, dafür aber »Sondersteuern für die Medien« vorsahen und »Verstöße der Medien gegen das Ansehen des Staates« einer möglichen Haftstrafe zuführten. Zudem wollte die deutsche Regierung die Bildung »regierungsnaher Sender« fördern, was, alles in allem, wieder einen Versuch der staatlichen Einflussnahme auf die Mediengestaltung darstellte – und genau diese versuchte die Lizenzphase eigentlich zu verhindern. Der neue deutsche Staat begründete seinen Versuch der Medienkontrolle mit der Angst vor einem Rückfall in autoritäre Strukturen, welchen es – komme was wolle – zu verhindern galt.[48]

Am 24. Mai 1949 formulierte das deutsche Grundgesetz schließlich die Pressefreiheit und begründete die Bundesrepublik Deutschland.[49] Die Grundlagen für die Pressefreiheit verdankt der neue Staat im weitesten Sinne der Ex-US-Präsidentengattin Eleanor Roosevelt.[50] Aus der Feder der Ehefrau vom einstigen Staatschef der USA Franklin

48 vgl. ebd. S. 145 ff.

49 nach Benz, Wolfgang. 2008. Die Bundesrepublik Deutschland tritt in die Geschichte ein.

50 vgl. Lohrmann, Julia. 2020. Geschichte der Menschenrechte. Die Allgemeine Erklärung der Menschenrechte.

D. Roosevelt stammen Großteile der am 10. Dezember 1948 auf der UN-Generalversammlung verabschiedeten *Allgemeinen Erklärung der Menschenrechte.*[51] Darin wird unter anderem auch an die Verpflichtung des Staates appelliert, diese Menschenrechte einzuhalten und zu schützen, damit Menschen ihre freiheitlichen Rechte auch freiheitlich ausüben können. Obwohl es sich bei den Regeln um keine Gesetze handelte, wurden sie dennoch zum Fundament zahlreicher gesetzlicher Verfassungen und letztlich auch zur Basis für das Grundgesetz der Bundesrepublik Deutschland.[52]

Die Pressefreiheit ist in Deutschland einzig über den im Grundgesetz aufgeführten Artikel 5 festgeschrieben.[53] Die konkreten Regelungen sind Ländersache und in den Pressegesetzen der Bundesländer vereinbart. Während nach Kriegsende in einigen Ländern neue Pressegesetze erlassen wurden, trat in anderen Bundesländern zunächst wieder das Reichspressegesetz vom 7. Mai 1874 in Kraft.[54]

Freiheitlicher Journalismus, der seine Aufgaben politisch und wirtschaftlich unabhängig vom Staat zu erledigen in der Lage sein sollte, war ein hauptsächliches Ziel der westlichen Besatzungsmächte. Aus dieser Zielstellung resultierten neben der Pressefreiheit auch die

51 vgl. Vereinte Nationen. 1948. Resolution der Generalversammlung 217 A (III). Allgemeine Erklärung der Menschenrechte. Art. 19. »Jeder hat das Recht auf Meinungsfreiheit und freie Meinungsäußerung; dieses Recht schließt die Freiheit ein, Meinungen ungehindert anzuhängen sowie über Medien jeder Art und ohne Rücksicht auf Grenzen, Informationen und Gedankengut zu suchen, zu empfangen und zu verbreiten.«

52 vgl. Bundeszentrale für politische Bildung. o.J. 70 Jahre Allgemeine Erklärung der Menschenrechte.

53 vgl. Parlamentarischer Rat. 1949. Grundgesetz für die Bundesrepublik Deutschland, Art. 5, vom 24. Mai 1949: »Jeder hat das Recht, seine Meinung in Wort, Schrift und Bild frei zu äußern und zu verbreiten und sich aus allgemein zugänglichen Quellen ungehindert zu unterrichten. Die Pressefreiheit und die Freiheit der Berichterstattung durch Rundfunk und Film werden gewährleistet. Eine Zensur findet nicht statt. […] Diese Rechte finden ihre Schranken in den Vorschriften der allgemeinen Gesetze, den gesetzlichen Bestimmungen zum Schutze der Jugend und in dem Recht der persönlichen Ehre.«

54 vgl. Bundesarchiv. o.J. 2. Unterrichtung des Kabinetts über die Grundzüge des neuen Bundespressegesetzes. 1952.

öffentlich-rechtlichen, nichtkommerziellen Anstalten.[55] Diese aus den Rundfunkgebühren (gemeinhin als GEZ-Gebühren bekannt) finanzierten Wächter der Demokratie eröffneten ihre Mission mit der Gründung der ARD (*Arbeitsgemeinschaft der öffentlich-rechtlichen Rundfunkanstalten der Bundesrepublik Deutschland*) aus den bis dahin errichteten sechs unabhängigen Landesrundfunkanstalten der Bundesländer.[56] Die im Rundfunkstaatsvertrag beschriebene journalistische Aufgabe dieser Funkhäuser ist »Staatsferne«, der »Auftrag, zur freien individuellen und öffentlichen Meinungsbildung« seinen Anteil zu leisten und die »demokratischen, sozialen und kulturellen Bedürfnisse der Gesellschaft« zu stillen. Eine weitere wichtige Aufgabe ist neben »Bildung, Information, Beratung und Unterhaltung« auch eine Berichterstattung, die sich strikt an die Grundsätze der »Objektivität, Unparteilichkeit, Meinungsvielfalt und Ausgewogenheit« hält. Die öffentlich-rechtlichen Sender beteiligen sich seitdem an der »Verwirklichung der freiheitlichen demokratischen Grundordnung«.[57]

Schon kurze Zeit später stieß dem ersten Bundeskanzler der jüngst gegründeten Bundesrepublik die Bildung der ARD bitter auf, sodass dieser sich fortan für die Gründung eines zweiten Programms engagierte, welches direkt dem Bund unterstellt sein sollte.

55 Hodenberg, Christina. 2006. Konsens und Krise. S 93 f.

56 RB (Radio Bremen), NWDR (Nordwestdeutscher Rundfunk, der später in NDR und WDR aufgeteilt wurde), BR (Bayrischer Rundfunk), HR (Hessischer Rundfunk), SDR (Süddeutscher Rundfunk) und SWF (Südwestfunk). Am 1. Januar 1992 wurde nach der deutschen Wiedervereinigung die Liste der öffentlich-rechtlichen Sender um den ORB (Ostdeutscher Rundfunk Brandenburg) und den MDR (Mitteldeutscher Rundfunk) in den neuen Bundesländern erweitert. Als eigenständiges Fernsehprogramm sendet die ARD seit 1954. Online nachzulesen in der Chronik der ARD: Arbeitsgemeinschaft der öffentlich-rechtlichen Rundfunkanstalten der Bundesrepublik Deutschland (ARD). o. J. ARD gegründet.

57 nach Bundeszentrale für politische Bildung. 2020. Öffentlich-rechtlicher Rundfunk: von der Gründung der ARD bis heute.

»Adenauers Christlich-Demokratische Union empfand das Programm des neuen Mediums Fernsehen, ausgestrahlt von der Arbeitsgemeinschaft der neuen Landesrundfunkanstalten, ARD, als linkslastig. Ein rechtsgerichtetes Konkurrenzprogramm sollte geschaffen werden, allgemein Adenauer-Fernsehen genannt. Das Bundesverfassungsgericht verbot die juristische Konstruktion, die des Kanzlers Dunkelmänner sich dafür ausgedacht hatten, als verfassungswidrig gegenüber den im Föderalismus begründeten Rechten der Bundesländer. Schließlich trat dann unter Beteiligung der Länder das ZDF ins Tele-Leben ein, das *Zweite Deutsche Fernsehen.*«[58]

Konrad Adenauer

Günter Gaus war »damals [...] politisch überhaupt nicht auf Seiten Adenauers.«[59] Mit der Wahl des ersten deutschen Bundeskanzlers im Jahr 1949 war die junge Bundesrepublik noch weit von der Demokratie entfernt, gesellschaftlich immer noch instabil und anfällig für einen Rückfall zu Autorität und Gehorsam – eine entsprechende Erziehung wurde für nötig erklärt. Die deutsche Bevölkerung hatte das Vertrauen in die Politik verloren, welches es – ebenso wie die Bereitschaft zum politischen Engagement – wieder zu erwecken galt. Es fehlte an Konfliktbereitschaft und Dialog, an verordneter Mündigkeit des Bürgers, weshalb in der jungen Bundesrepublik die stetige Gefahr eines Rückfalls in autoritäre Strukturen bestand. Die politische Inaktivität einer auf Medienkonsum ausgerichteten Masse und die Angst vor dem offenen Konflikt bestimmten das Bild des deutschen Medienpublikums in der frühen Nachkriegszeit.[60]

58 Gaus, Günter. 2004. Widersprüche. S. 187

59 vgl. Gaus, Günter. 2004. In: Willemsen, Roger. 2004. Mit einer Frage auf den Lippen.

60 vgl. Hodenberg, Christina. 2006. Konsens und Krise. S. 256 ff.

Ein weiterer Versuch, ein Pressegesetz zu etablieren, welches die Medienkontrolle zum Ziel hatte und non-konforme Journalisten zu bestrafen versuchte, schlug Anfang der fünfziger Jahre fehl.[61] Direkte staatliche Kontrolle hatte in der jungen Bundesrepublik keinen Platz, weshalb seitens der Regierung starke Anstrengungen unternommen wurden, eine »schleichende Zunahme indirekter Steuerung« zu initiieren. Das Streben nach einem eigenständigen und unabhängigen deutschen Staat führte schließlich dazu, dass Konrad Adenauer allein über enorme Regierungsgewalt verfügte.[62] Ob er den Beinamen »Kanzler der einsamen Entschlüsse« für zutreffend halte, verneinte der Ex-Kanzler im Interview mit Günter Gaus 1965.[63]

> »Ich war schon damals imstande, die große Bedeutung dieses Mannes zu erkennen.«[64]

Konrad Adenauer – stark politisch geprägt von der Weimarer Republik vor der Zeit des Nationalsozialismus – verstand die Presse als »Gesinnungs- und Parteijournalismus«, als »Parteimacht«, und verfolgte den »Traum einer CDU-eigenen Richtungspresse«.[65] Er hielt die Massenmedien für »feindselig«, bewies aber ein Händchen für etablierte Journalisten des Bürgertums, die er um den Finger wickeln konnte. Seine »Teegespräche« dienten genau diesem Zweck und zielten auf Geltungsbedürfnisse regionaler Redakteure ab. Adenauer lockte mit Insider-News und Details, hegte dann aber Kritik an der kritischen Ausrichtung des Journalismus. Jeder Journalist, der seinen Nutzen aus dem engen Kanzler-Kontakt zog und große Sensationen aus neugewonnenen Insider-News machte oder Adenauers Kritik an der Kritik nicht beherzigte, wurde durch Ausbleiben einer erneuten

61 vgl. ebd. S. 148
62 vgl. Hodenberg, Christina. 2006. Konsens und Krise. S. 152
63 vgl. Gaus, Günter. 1965. Zur Person: Konrad Adenauer. [0:46]
64 Gaus, Günter. 2004. In: Willemsen, Roger. 2004. Mit einer Frage auf den Lippen.
65 vgl. Hodenberg, Christina. 2006. Konsens und Krise. S. 153

Einladung zum Tee aussortiert.[66] Konrad Adenauer wollte den »nationalen Konsens«. Journalisten hatten nach seiner Ansicht den Zielen der Regierung Halt zu geben.[67] Ihm gefiel die Idee einer »möglichst einheitlichen, im Interesse der Regierungspolitik gesteuerten Öffentlichkeit«, in welcher kleine elitäre Kreise die Führungspositionen besetzen, um dem unmündigen Volk den Weg in die »Demokratur«[68] zu geleiten.[69] Die Integration zahlreicher NS-Funktionäre war nahezu offensichtlich. »Stark belastete« Fachleute stellten auch im Bundespresseamt keine Seltenheit dar. Als später der Versuch fehlschlug, ein »Informationsministerium« zu etablieren, versicherte Adenauer seine Unwissenheit über jenes Projekt, welches er eigentlich unterstützte.[70] Auch Adenauers Werbetrommel AdK (die *Arbeitsgemeinschaft demokratischer Kreise*) stützte sich in Teilen auf Propagandatechniken aus dem Kaiserreich. Adenauer setzte auf »Wanderredner und lokale Präsenz auch in kleineren Orten«, berichtete hauptsächlich »über die von der Regierung erzielten Erfolge« und nutzte ausgefeilte PR-Strategien.[71]

Der erste Kanzler setzte auf Zuckerbrot und Peitsche. Die Methoden der politischen Akteure um Konrad Adenauer ähnelten zwar nationalistischen »Traditionen«, unterschieden sich aber sowohl von nationalsozialistischer Propaganda, als auch von den Medien der Lizenzphase direkt nach Kriegsende. Adenauer hatte die neue demokratische Ausrichtung »außerordentlich begrüßt«,[72] die grundsätzliche Tendenz, die journalistischen Inhalte zu beeinflussen, behielt er jedoch bei. Wohlwissend der Tatsache, dass die Möglichkeiten zur direkten

66 vgl. ebd. S. 155

67 vgl. ebd. S. 156

68 Die Bezeichnung »Demokratur« geht zurück auf den ab 1952 amtierenden Leiter der Zentralabteilung der Bundespresseagentur Franz Mai. vgl. Hodenberg, Christina. 2006. Konsens und Krise. S. 160

69 vgl. Hodenberg, Christina. 2006. Konsens und Krise. S. 160

70 vgl. ebd. S. 161

71 vgl. ebd. S. 164

72 vgl. Adenauer, Konrad. 1965. in Gaus, Günter. 1965. Zur Person: Konrad Adenauer. [16:30]

Bedrängnis der Journalisten nicht gegeben waren, wusste sich die Adenauer-Regierung jedoch zu helfen und setzte gezielte Information und zwischenmenschliche Beziehungen als Druckmittel ein. Das Bundespresseamt observierte die Medien in großem Stil, notierte sich die politische Orientierung der Journalisten und zeigte sich entsprechend erkenntlich, wenn sie den harmonischen Kanzler-Kurs unterstützten.[73] Redakteure des politkritischen *Spiegel* - wie Günter Gaus ab 1958 einer war, was er als Fehler empfand[74] - genossen nur sehr wenig Anerkennung. Kanzler Adenauers Regierung versuchte dauerhaft Wege der Einflussnahme auf die Medien zu finden. Sein Bundespresseamt säte Kritik an journalistischer Kritik und erntete dafür nicht selten die Zustimmung der kritisierten Journalisten. Wurde nur über einen einzigen Politiker kritisch berichtet, sprach Adenauer schon von »Gefährdung des Staates«.[75]

Friede – Freude – Eierkuchen

In der jungen Bundesrepublik war Kritik an der Regierung potenziell gefährlich. Die öffentlich-rechtlichen Sender bewertete der Kanzler als »staatsnah organisiert«, sie sollten deshalb »Regierungsnähe« suchen. Adenauer belohnte regierungsnahe Journalisten und bestrafte Kritiker mit dem Ziel, ein einig Vaterland zu schaffen, in welchem sich Meinungen angleichen sollten.[76] Nur durch die Einbindung in das westliche Staatensystem konnte die Ausformung einer autoritäreren Herrschaftsform erfolgreich blockiert werden.[77]

Einige Jahre später - Konrad Adenauer war längst außer Dienst, und Günter Gaus 36 Jahre alt - fanden der junge Interviewer und der Altkanzler beim Vorgespräch für ein mögliches Interview *Zur*

73 vgl. Hodenberg, Christina. 2006. Konsens und Krise. S. 167
74 vgl. Gaus, Günter. 2004. Widersprüche. S. 167
75 vgl. Hodenberg, Christina. 2006. Konsens und Krise. S. 169 ff.
76 vgl. ebd. S. 174 f.
77 vgl. ebd. S. 181 f.

Person erstmals zueinander. Im Interview mit Roger Willemsen 2004 erinnerte sich Günter Gaus:

> »Er hatte 20 Minuten für uns Zeit. Er saß zwischen zwei hohen Säulen, das war der erste Band jeweils von seinen Memoiren – ich besitze von daher noch diesen ersten Band mit einer sehr schönen persönlichen Widmung. Wir fingen an, und es war gar nicht die Rede davon, dass er nach 20 Minuten langsam darauf hinweisen würde: Wir müssen aber Schluss machen. Nach einer Stunde [...] kam seine sehr nette Sekretärin, die ihn verehrte und liebte, die eine tüchtige Kraft war, und legte ihm einen Zettel auf den Tisch. Da nahm der alte Mann den Zettel und sagte: Wissen Sie, sie schreibt, ich hätte einen Termin. Ich habe aber gar keinen Termin. Das heißt, die Sekretärin wollte nicht, dass dieser junge Journalist Gaus denkt, von ihrem Chef will niemand mehr was wissen. Das hat mich, das hat mich sehr, sehr mitgenommen.«[78]

Ähnlich menschlich, wie diese persönliche Erinnerung des Interviewers Gaus, werden wohl die politischen Berichte über Konrad Adenauer während seiner aktiven Kanzlerzeit gewirkt haben. Die auf Emotionen gestützte Medienpolitik der Adenauer-Fraktion verstand die Medienpraxis als Einladung zur »Identifikation« statt »Infragestellung«.[79] Die Identifikation des Bürgers mit der Person Adenauer wurde gezielt gefördert, um Staatsinteressen durchzusetzen. Wenn überhaupt über Politik im eigenen Land berichtet wurde, dann als hochlobende »affirmative Portraits« wie beispielsweise die »Adenauer-Biografie«. Diese »Personalisierung« der politischen Akteure brachte eine »Entpolitisierung« der Gesellschaft mit sich. Anstelle seiner Politik, wurden menschliche Seiten Adenauers hervorgehoben, was eine Identifikation des normalen Bürgers mit der Person Adenauer als normalen Bürger bewirkte, und das Wohlwollen des Bürgers gegenüber Adenauer

78 Gaus, Günter. 2004. In: Willemsen, Roger. 2004. Mit einer Frage auf den Lippen.
79 vgl. Hodenberg, Christina. 2006. Konsens und Krise. S. 184

nicht auf Politik, sondern auf Emotionen stützte.[80] »Harmonie« war in den Medien unter Adenauer »Trumpf«. Emotionale Betrachtungen politischer Themen hatten unter der politischen Führung Adenauers Vorrang vor sachlich-nüchterner Berichterstattung; »Berufserfahrung« im Journalismus war wieder wichtiger geworden als Abstand zum Nationalsozialismus, Altredakteure erlebten ihr Comeback. Der »Konsens« fasste Fuß, und Kritik blieb auf der Strecke. Themen, welche die Verbrechen der Nationalsozialisten zum Inhalt hatten, stießen im Publikum auf Ablehnung.[81] Als Roman getarnte Abhandlungen der NS-Zeit, die sich »kreativ dem populären Geschmack« hingaben, konnten jedoch Erfolg verbuchen. »Philosemitismus« – die anerkennende geistige Einstellung gegenüber dem Judentum – als konkrete Vorgabe lehnten die Deutschen ab, weshalb sich die Medien weiterhin am »Konsens des selektiven Beschweigens« orientierten.[82]

Die Alliierten versuchten während der Besatzungszeit, ab dem Ende des Zweiten Weltkriegs bis 1949, einen neuen freiheitlich-demokratischen Journalismus zu etablieren, welcher für die freie Presse einstand, für unabhängige, kritische Berichterstattung, für Demokratie und Pluralismus, und sich klar gegen staatliche und journalistische Meinungsvorgaben aussprach. Das Publikum in einer freiheitlichen Gesellschaft sollte politisch dazu befähigt sein, sich in freier Entscheidung eine eigene politische Meinung zu bilden, politische Themen kritisch zu hinterfragen, zu reflektieren, zu verteidigen und sich der Signifikanz dieser freien Meinungsbildung, kritischer Reflexion und Verteidigung bewusst zu sein. Während der ersten Amtsjahre Adenauers positionierte sich die westdeutsche Regierung klar gegen diese Freiheit, was sich in der Einladung zu kollektiver gesellschaftlicher Harmonie und einer skeptischen Haltung gegenüber kritischer politischer Berichterstattung im Journalismus offenbarte.

80 vgl. ebd. S. 185
81 vgl. ebd. S. 187 ff.
82 vgl. ebd. S. 190 ff.

Exklusive Politik und Kritik durch die Blume

Erst kurz vor dem Ende der Ära Adenauer – etwa zum Ende der fünfziger Jahre – wurden NS-Verbrechen und Berichte über die Integration von NS-Tätern erstmals kritisch in den Medien beleuchtet und fest ins Programm aufgenommen. Während die Mehrheit der Journalisten die neugewonnene Pressefreiheit nicht nutzte und reine Informationsvermittlung für wichtiger erachtete als gründliche Recherche, war der »Meinungs- und Gesinnungsjournalismus« in der jungen Bundesrepublik nun das vorherrschende politische und journalistische Ideal.[83]

Das Nachrichtenmagazin *Spiegel* trotzte dieser Entwicklung. Als Gegenpol der einig-vaterländischen Kanzler-Verbundenheit verstand es der *Spiegel*, sich durch gezielten Einsatz von Kritik gegen den »Gesinnungsjournalismus« zu stellen und sich schon bald zum neuen Ideal journalistischer Berichterstattung in der Bundesrepublik zu entwickeln. Das Engagement »für mehr öffentliche Kritik im Lande« und die »allmähliche Politisierung« der Medienlandschaft zeigte sich auch durch die Aufnahme von Kommentaren ins Programm. Die Pressefreiheit und die »Integration von NS-Tätern« in das Nachkriegssystem wurden zu Themen.[84] Während Adenauer noch als engagierter Kontrolleur agierte, erfand sich der *Spiegel* als Aufseher der Politik und stellte oft und gern die Mitglieder der Regierung öffentlich an den Pranger. Nicht selten waren die daraus resultierenden Entwicklungen entscheidend für den Bestand politischer Karrieren. Kanzler Adenauer witterte Gefahr und reagierte mit skeptischer Wut auf das Magazin.[85] Das später oft nachgeahmte Kritiker-Blatt *Spiegel* fungierte zum Ende der fünfziger Jahre als »politisches Kontrollorgan« und entwickelte sich zum Lehrmeister modern denkender Berichterstatter, während Adenauer weiterhin auch nur geringste kritische Ansätze in die Ecke des gefährlichen Störenfrieds zu diktieren versuchte und der Ansicht

83 vgl. ebd. S. 197 ff.

84 vgl. ebd. S. 193 ff.

85 vgl. ebd. S. 220 f.

war, seine »Kanzlerdemokratie« habe Anspruch auf »kooperative Eliten«, die fleißig für seine Regierungspolitik einzustehen hätten.[86]

Adenauers Wunsch nach vereinigter gesellschaftspolitischer Harmonie, inklusive »notorische[r] Folgsamkeit [...] gegenüber dem Kanzler«, stand im Spannungsverhältnis mit dem politischen Stil des Nachrichtenmagazins *Spiegel*,[87] in dem Günter Gaus seit 1958 als »Ressortleiter für ›Internationales‹« und später als »Ressortleiter ›Deutschland II‹« verantwortlich war für Politik.[88] Durch kritische Berichterstattung, »investigative Recherche, Interviews im Kreuzverhör«[89] und die Anonymität der im Zusammenspiel agierenden Redakteure[90] verstand sich der *Spiegel* mit seinen »Verwestlichungstendenzen« als Gegenspieler Adenauers, als moderner Regelbrecher des akzeptierten Konsensjournalismus und wandelte sich nicht zuletzt wegen seines »ironischen Sprachstil[s]« zum beliebten Mustermagazin des Journalismus in der Bundesrepublik.[91]

> »Die Anonymität unserer journalistischen Arbeit kompensierten wir durch interne Wettbewerbe, wer mit seinem Text in der jüngsten Ausgabe dem gängigen *Spiegel*-Stil, dessen blödsinnige Verstiegenheit uns nicht aufstieß, am reinsten nahegekommen war. Einem Kollegen und mir, die wir eine Titelgeschichte über das Ende der vierten französischen Republik und den Aufstieg de Gaulles zum Herrn der fünften verfassten, gelang als erster Satz der stilistische Gipfel: ›Das Schicksal der vierten Republik hängt an der Reißleine des Fallschirms von General Massu.‹ Wir wollten keineswegs ironisch damit sein und auch nichts parodieren.«[92]

86 vgl. ebd. S. 204 ff. und S. 212
87 vgl. ebd. S. 219
88 Gaus, Günter. 2004. Widersprüche. S. 167 ff.
89 vgl. Hodenberg, Christina. 2006. Konsens und Krise. S. 225
90 vgl. ebd. S. 221
91 vgl. ebd. S. 224
92 Gaus, Günter. 2004. Widersprüche. S. 169

Der Stil des *Spiegels* kündigte die journalistische Kurskorrektur an, welche sich zur Wende zu den sechziger Jahren in der Bundesrepublik abzeichnete, und die »gelähmte Öffentlichkeit durch Kritik zu beleben«, als Zielstellung formulierte. Hauptsächlich von der sogenannten »45er-Generation« wurde in jenen Kreisen kritischer Journalisten eine neue Interpretation der journalistischen Praxis in der medienpolitischen Debatte entwickelt und ein »Widerspruch zur Praxis der fünfziger Jahre« zur Aufgabe erklärt. Das Konstrukt des Staates, Öffentlichkeit und Journalismus wurden völlig neu erdacht. Auf die von Bundeskanzler Konrad Adenauer verordnete gesellschaftliche Einheit folgte nun der Drang der »45er«, die wirklichen Schuldigen anzuklagen und nicht die Mitläufer anzuprangern.[93]

Viele Deutsche lehnten das NS-Thema immer noch völlig ab. Die »Vergangenheitsbewältigung« in den Medien wurde von deren Akteuren dennoch – oder womöglich gerade deshalb – für wichtig erachtet, zum Wohle der Demokratie. Die »Masse der Verblendeten« sollte »zu verantwortungsbewussten Staatsbürgern umerzogen« werden. Dazu gehörte auch, den Fokus der Sendungen auf die von den Nationalsozialisten praktizierte Gewalt und die unbewusste Verführung der Gesellschaft zu setzen, »politisch aufzuklären[,] statt zu verurteilen«, »Nachsicht gegenüber den Mitläufern« walten zu lassen und die bereitwillige Unterstützung der Nationalsozialisten durch große Teile der Bevölkerung thematisch zu vernachlässigen. Auch die Deutschen, die sich nur äußerst ungern mit der NS-Vergangenheit auseinandersetzten, sollten so erreicht werden.[94]

> »Ich denke, rückblickend, daß vom Fernsehen, nicht zuletzt vom Einfluss der ‚Kommerztelevision', die pluralistisch-parlamentarische Demokratie stärker beeinflusst worden ist, als durch die Einführung des allgemeinen Wahlrechts.«[95]

93 vgl. Hodenberg, Christina. 2006. Konsens und Krise. S. 278
94 vgl. ebd. S. 270 ff.
95 Gaus, Günter. 2004. Widersprüche. S. 187

Die Medien sollten fortan wachsam sein gegenüber jeder Obrigkeit, jedem Staat, sie sollten Kritik als Werkzeug gegen die »Vergötzung des Staates« und gegen die Idealisierung der Politik einsetzen und eine neue Vorstellung vom Staat schaffen, hin zu offenem Diskurs und »öffentlichem Widerspruch«.

Das folgende Kapitel beschäftigt sich mit jener kritischen Generation der »45er«, die den Journalismus der Bundesrepublik maßgeblich in die Spur lenkte. Während für ältere politische Traditionen die öffentliche Debatte stets eine »Bedrohung für den autonomen Staat« bedeutete und Kanzler Adenauer jegliche Kritik am neuen demokratischen System bekämpfte, ja sogar als Gefahr für den neuen Staat wertete, legten die »45er« ab der Wende zu den sechziger Jahren den Grundstein für einen starken, unabhängigen und kritischen Journalismus in der Bundesrepublik.[96]

96 nach Hodenberg, Christina. 2006. Konsens und Krise. S. 277 f.

III. Zur »45er«-Generation: Skepsis und Diskurs

Die historische Generation der »45er« sorgte für eine grundlegende medienpolitische Kurskorrektur ab den frühen sechziger Jahren, die zum profunden gesellschaftlichen Umdenken in der Bundesrepublik führte und sich als demokratische, westlich-liberale Ausrichtung verstand. Der Generationenwechsel in den Medien vollzog sich bereits seit den späten fünfziger Jahren und fand seinen Höhepunkt Anfang der Sechziger, als die »45er« begannen, die Schlüsselpositionen in den großen Medienhäusern zu beziehen. Alte und neue – zumeist männliche – Kollegen formten sich zu Allianzen, während ausgediente Idealvorstellungen mancher älterer Journalisten mitunter Konfliktpotenzial bargen. Während den Älteren noch der wilhelminische Stil einer ideologischen, »als spezifisch deutsch begriffenen elitären, unpolitischen, moderneskeptischen Kultur des Geistes« innewohnte und Kanzler Adenauer jegliche Kritik als Gefahr für sein neues System der verordneten demokratischen Harmoniegemeinschaft bewertete, schritten die »45er« schon »hin zum Leitbild der westlichen Demokratie.«[97]

Der Generationenkonflikt in den Medienhäusern konnte vielseitiger nicht sein. Unter älteren Kollegen fanden sich die sogenannten »Wilhelminer«, welche noch journalistische Praktiken aus Zeiten der Weimarer Republik mitbrachten, und die »am stärksten vom Nationalsozialismus belastete« Generation der »Kriegsjugend und Kriegskinder«, welche – geboren zwischen 1900 und 1920 – den größten Teil der journalistischen Eliten im Dritten Reich bildete und sich nun

97 vgl. Hodenberg, Christina. 2006. Konsens und Krise. S. 245

hauptsächlich in politisches und journalistisches Schweigen hüllte.[98] Als dritte Generation agierten die »45er«, deren berufliche Praxis maßgeblich durch die gemeinsame Jugenderfahrung mit dem Nationalsozialismus und deren Interpretation beeinflusst war. Sie kritisierten das politische System der BRD in den sechziger Jahren als »ein antiliberales Gesellschaftskonzept mit totalitärem Potenzial« – ähnlich der Entwicklungen im frühen Dritten Reich.[99] Die Kritik war scharf, kam aber nicht von ungefähr. Zwischen 1921 und 1932 geboren, bilden die »45er« die Generation, die das Dritte Reich noch als junge Soldaten, als Flakhelfer und Hitlerjungen miterlebte und welcher das Kriegsende einen umfassenden ideologischen Wertezusammenbruch vermachte.

Besinnungsjahre

Einer dieser »45er« war Günter Gaus. Seine anfängliche Faszination für den Krieg[100] mündete erst kurz nach Kriegsende in umfänglicher Ablehnung des Nationalsozialismus.[101] Die Erinnerung an Plakate, die im Sommer 1945 von der britischen Besatzungsmacht geklebt wurden, beschreibt das Erwachen seines jungen intellektuellen Geistes.

> »Das Papier der Plakate war schlecht, der Druck verwischt. Ich weiß nicht mehr, mit welchen Worten gefordert wurde, das Foto zu betrachten. Die meisten Passanten gingen nach einem kurzen Blick schnell weiter. Ich sah das Bild gründlich an. Die mangelhafte Wiedergabe ließ Einzelheiten kaum hervortreten. Aber deutlich waren Menschenleiber zu erkennen, in längsgestreifte Hosen und Jacken gekleidet. Sie waren ungeordnet aufeinandergehäuft, weil sie wohl, mit einem Schwung unter den Achseln und an den

98 vgl. ebd. S. 85
99 vgl. ebd. S. 245 f.
100 vgl. Gaus, Günter. 2004. Widersprüche. S. 57 f.
101 vgl. ebd.. S. 111

> Füßen gepackt, eins, zwei, drei auf den Haufen geworfen worden waren. Die meisten streckten dem Betrachter die bloßen Füße entgegen. Ein Haufen Leichen. Unter dem Bild stand vermerkt, wo es aufgenommen war: im deutschen Konzentrationslager Bergen-Belsen. Tote Häftlinge.«[102]

Gaus setzt diese Erfahrung als Startpunkt seines »Bildungsromans«, seiner »Identitätsfindung« und seiner »geistig-seelischen Prägung«.[103] Während der Kindheit und Jugend wurden dem jungen Flakhelfer und Hitlerjungen die nationalsozialistischen Werte und Idealvorstellungen des Dritten Reichs »ganz besonders indoktriniert«[104] – mit täglicher Begeisterung gern gelebte Werte, die mit Kriegsende der Klarheit wichen und schlagartig verblassten.[105]

> »Der Einblick in diese Verbrechen meiner Nation unter dem Nationalsozialismus hatte für mich eine intellektuelle Emanzipation bewirkt, hin zu einer andauernden Unfähigkeit, jemals noch gläubig und absolut Partei zu nehmen, weder für eine Nation noch für eine Ideologie noch für den Kapitalismus.«[106]

Gaus, der als Jugendlicher besser heute als morgen freiwillig für Hitler in jede Schlacht gezogen wäre[107], fand im Betrachten der Bilder aus Bergen-Belsen, seiner Kriegsbegeisterung, und der pervertierten Werte, »Ehre, Treue, Tapferkeit und Gehorsam«, jähes Ende. Das Erkennen, die »Ehre« von Verbrechern aufrecht erhalten zu haben, war für Gaus – wie für die meisten seiner Generation – ein einschneidendes, weltveränderndes, eine große Leere mit sich bringendes

102 ebd. S. 111
103 vgl. Gaus, Günter. 2004. Widersprüche. S. 111
104 vgl. Moses, Dirk. 2000. Die 45er. Eine Generation zwischen Faschismus und Demokratie. S. 235 In: Neue Sammlung. 40. 2000., S. 233–263
105 vgl. Hodenberg, Christina. 2006. Konsens und Krise. S. 251
106 Gaus, Günter. 2004. Widersprüche. S. 113
107 vgl. ebd. S. 56

Erlebnis. Das Gefühl, betrogen worden zu sein, ist bezeichnend für die »45er«.[108] Im Anschluss an die ersten Nachkriegsjahre, die Gaus als »Besinnungsjahre«[109] beschrieb, engagierte sich seine Generation gegen einen erneuten Rückfall in die Diktatur, für demokratische Stabilität in Anlehnung an westliche Vorbilder und für einen aufklärerischen Umgang mit der NS-Vergangenheit. Die »45er« empfanden Verantwortung für den demokratischen deutschen Staat.[110]

> »Rückblickend weiß ich, dass in jenen Jahren meine lebenslange Grundüberzeugung sich bildete, gemäß der alle politische Moral, jedes politische Handeln gerichtet sein soll auf die Herrschaft des Gemäßigten, auf das den schwachen Menschen Bekömmliche und Zuträgliche.«[111]

Diese Erkenntnis des jungen Günters war wohl eine Folge der »Reeducation«, wie die westlichen Besatzungsmächte die Umerziehung der Deutschen nach Kriegsende 1945 nannten, welche hauptsächlich dem Zweck der Aufklärung der Bevölkerung über deren Verblendung durch NS-Propaganda diente und die Verbrechen der Nationalsozialisten gesamtgesellschaftlich anklagte.

Die Zeit nach dem Krieg erlebten viele »45er« als Aufbruch, als Abkehr vom Dritten Reich, als Neuanfang, als Chance und rückblickend als Start beeindruckender Karrieren.[112]

108 vgl. Hodenberg, Christina. 2006. Konsens und Krise. S. 253 f.
109 vgl. Gaus, Günter. 2004. Widersprüche. S. 130
110 vgl. Hodenberg, Christina. 2006. Konsens und Krise. S. 255 f.
111 Gaus, Günter. 2004. Widersprüche. S. 123
112 vgl. Hodenberg, Christina. 2006. Konsens und Krise. S. 252

Aufstieg der »45er«

Die Auswirkungen des Medien-Lizenzwesens von 1945–1950 zeigten sich im letzten Drittel der fünfziger Jahre deutlich erkennbar. In den ersten fünf Jahren nach Kriegsende verlangten die Entnazifizierungskriterien strenge Selektion und verschafften vielen jungen »45ern« einen schnellen Einstieg ins journalistische Geschäft – es mangelte an älteren, unbelasteten Redakteuren, nur wenige Medienschaffende remigrierten zurück nach Deutschland. Der vermehrte Zurückgriff auf Berufseinsteiger hatte nach 1945 eine deutliche Verjüngung der Medienbranche in den Nachkriegsjahren zur Folge. Zur Mitte der fünfziger Jahre gehörten mehr als ein Viertel der Presseredakteure der »45er«-Generation an.[113]

> »Am 1. November 1952 trat ich ins Berufsleben ein. Heißt es nicht so in einem Bewerbungsschreiben?«[114]

Während Günter Gaus erst 1969 Chefredakteur des Magazins *Spiegel* wurde,[115] stiegen zwischen 1956/57 und 1963 viele »45er« mit ihren jungen Lebensjahren (31–42) in einflussreiche Führungspositionen der Medien auf. Bezeichnend für die »45er«-Journalisten war neben der Vermittlung liberaldemokratischer Werte auch der öffentliche Umgang mit älteren, aus der NS-Zeit »belasteten«, Kollegen – ein Umgang, welcher Integration vor öffentliche, ethische Debatte stellte und klare Grenzen zwischen Opportunisten und eigentlichen Tätern zog. Die »belasteten« Alt-Journalisten der frühen sechziger Jahre sollten nicht andauernd auf ihr politisches Versagen hingewiesen werden, sondern substanziell über ihre journalistische Praxis nachdenken. Die in der eigenen Erfahrung und die Sorge um die demokratische Stabilität der BRD begründete »Unterscheidung zwischen

113 vgl. ebd. 246 f.

114 Gaus, Günter. 2004. Widersprüche. S. 158

115 vgl. ebd. S. 277

Mitläufern und den eigentlich Schuldigen«, die »kennzeichnend für die ›45er‹« war, sorgte dafür, dass der »Opportunismus der Mitläufer« nicht verurteilt wurde, sondern verziehen. Kritik an der Tradition statt Anprangern des Einzelnen, war die Strategie der »45er«. Konnten sich die Älteren mit der neuen demokratischen Ordnung arrangieren und bestand keine Gefahr einer Belastung der neuen Strukturen, so tolerierten die »45er« ehemalige Verstrickungen in das NS-Regime und verzichteten auf öffentliche Entlarvung – für hochrangige Politiker und die sogenannten »echten« NS-Verbrecher galt dieses Immunitätsangebot der »45er«-Journalisten allerdings nicht. Die allgegenwärtige Angst, als eine Folge der Berufstätigkeit unter Hitler, die letztlich »den Weg zur lautlosen Konformität gebahnt« hatte, die bedauerliche Entpolitisierung der Gesellschaft und die Ermüdung und Gefallsucht in den Redaktionen, gleich wie in der Bundesregierung, waren Hauptkritikpunkte der »45er« an deren älteren Journalistenkollegen.[116]

Konsens und Kritik

Der Generationswechsel in den Medien erfolgte – mit den wichtigen Leitmedien wie dem *Spiegel* zuerst, dem Fernsehen und den großen Illustrierten gegen Ende der fünfziger Jahre, vor Polizei und Bundeswehr zum Ende der sechziger Jahre – früher als in der Politik, welche erst 1982 mit Helmut Kohl den Wandel vollzog. Die »45er« nahmen Abstand von »konfessionellen Bedingungen«. Als »Kleben am Konsens« bezeichnet, war das Festhalten an Gleichförmigkeit einer der Hauptstreitpunkte zwischen den Generationen. Die Alten klebten, die Jungen wollten Freiheit. Der »antikommunistische Integrationskurs«, die Konformität und die vorherrschende mediale Loyalität unter Ausschluss von Widerspruch und Kontroversen stieß bei den jungen »45ern« auf Ablehnung – sie standen stattdessen für tief-

116 vgl. Hodenberg, Christina. 2006. Konsens und Krise. S. 250 f., S. 269 f. und 275

gehende Debatten ein, für Skepsis und Kritik statt Anpassung und Gefallsucht. Mut zur Lücke, statt Angst vor Fauxpas.[117]

Das Fernsehen hatte in den frühen Jahren der Bundesrepublik für gesellschaftliche Einheit zu sorgen. Kritik? Fehlanzeige. Während ältere Berichterstatter konfliktscheu und anstandslos regierungskonform agierten, wurde mit Hilfe der Medien die parlamentarische Regierungsgewalt gestärkt und im gemeinschaftlichen Konsens über NS-Themen geschwiegen. Dem wollten sich die jüngeren »45er« nicht fügen. Sie setzten Kritik gezielt als Werkzeug gegen die Idealisierung der Politik ein, um eine neue Vorstellung vom Staat zu schaffen, hin zu offenem Diskurs und »öffentlichem Widerspruch« – als ideale Medien für derartige pädagogische Maßnahmen wählten sie das Fernsehen und den Rundfunk aus.[118]

Die allseits bekannte Flimmerkiste entwickelte sich in den sechziger Jahren zum »Massenmedium«: als Programminhalte mit enormen Einschaltquoten die Sicht auf die Wirklichkeit verschoben, formte sich das Fernsehen zur »Gegenöffentlichkeit«.[119]

Abgekehrt von Propaganda, hin zu Pro und Contra, dem Dialog als modernem Instrument des Journalisten, zur öffentlichen Debatte als Garant für Demokratie, zu Gespräch und Diskussion als Leitbild des Journalisten, führte der Weg der »45er«.

Ihr großes Engagement gegen die Renazifizierung der Gesellschaft und für die innere Demokratisierung der Bevölkerung verstärkten die »45er«-Journalisten durch die Massenmedien. Insbesondere lehnten sich die Bemühungen der neuen Medienschaffenden für demokratische Stabilität und Offenheit für Ideale aus »dem Westen« an die Amerikaner. Die jungen Redakteure engagierten sich in Vereinen für Grund- und Menschenrechte – unter anderem resultierte daraus die Gründung von *Amnesty International Deutschland* und die *Humanistische Union*

117 vgl. ebd. S. 251, 244, 276 f.

118 vgl. ebd. S. 98 f., 182, 228 und 278 f.

119 nach Bundeszentrale für politische Bildung. 2017. Die 1960er Jahre. Vom Fernsehspiel zum Fernsehfilm.

Deutschland oder der *Gespräche-Kreis* in Hannover, der seit 1946 für demokratischen Neuanfang und europäische Einigung steht. In der Verbreitung westlicher Werte sahen viele Journalisten dieser Generation ihre Bestimmung. Redakteure des WDR, NDR, *Spiegel* und *Zeit* traten zur Wende der fünfziger auf die sechziger Jahre an die Stelle von Politikern oder Schriftstellern und gaben fortan den gesellschaftlichen Ton an – gegen »den antikommunistischen Kurs der fünfziger Jahre«, für offene Konflikte und Kritik, für einen stabilen, westlichen Staat, und freiheitliche Politik.[120]

Die angestrebte gesellschaftliche Idealvorstellung dieser Generation, welche freiheitliche Werte und gleichberechtigte Ebenen zum Ziel hatte, stand jedoch im Spannungsverhältnis mit ihrer eigenen Durchsetzung. Einige »45er« verstanden sich noch immer als Pädagogen, als Aufklärer des Volkes von oben herab. Die nachdrückliche Durchsetzung eines neuen Systems, mit Mitteln, deren Anwendung zwar eine demokratische Version des vorgefertigten Staatsbildes zum Ziel hatte, jedoch den Journalisten dem Publikum immer noch als höhergestellten Erzieher vorstellte, wurde für Günter Gaus zum Kritikpunkt an der Medienpolitik der sechziger Jahre.[121]

> »Jedes pädagogische Handeln nimmt das Publikum in der besten Absicht, wenn auch zart, und so, daß man es kaum spürt – es nimmt dennoch das Publikum an die Hand. Ein an die Hand genommenes Publikum kann aber, weil es entsprechend vorbereitet ist, morgen bereits gegängelt und übermorgen verführt werden.«[122]

Die Gängelei nahm ihren Lauf. Im Sinne der »freischwebenden Intelligenz«, die charakteristisch für die »45er« war, entwickelten sich um die Wende zu den sechziger Jahren Bündnisse aus alten

120 alle Angaben nach Hodenberg, Christina. 2006. Konsens und Krise. S. 255 ff., 258 f. und 260

121 vgl. Hodenberg, Christina. 2006. Konsens und Krise. S. 280 ff.

122 vgl. Gaus, Günter. 1968. Report, Panorama, Monitor. S. 7

und jungen Journalisten, welche die politische Meinungsbildung zur Motivation hatten – etliche Schriftsteller und Publizisten veröffentlichten gemeinschaftliche Inhalte. Erstes Engagement der kritisch-freischwebenden »45er« war der Aufruf, SPD zu wählen, der CDU den Rücken zu kehren, für einen Regierungswechsel zu sorgen – das System der BRD sei festgefahren, dem Prinzip nach nicht demokratisch und müsse schnellstens reformiert werden. Die »45er« deuteten die Entwicklung der BRD als bedrohlich für die Freiheit – in Richtung »Beaufsichtigung der Oberen« sei seit dem Nationalsozialismus noch kein Schritt getan. Außerdem sei der Bürger praktisch noch nicht politisch befähigt, zu wählen.[123]

Günter Gaus stand der medialen Massenerziehung eines für unmündig erklärten Publikums und dem »pädagogischen Auftrag« der Massenmedien in den sechziger Jahren skeptisch gegenüber. Entgegen der allgemeinen Tendenz seiner Generation ging er davon aus, politische Sendungen müssten »an den Verstand appellieren und nicht an das Gefühl. Sie sollten in ihrer Beweisführung durchschaubar sein. Und sie sollten […] Information und Meinung deutlich auseinanderhalten.« Des Journalisten »Auftrag ist, zu artikulieren« und nicht das Publikum »an die Hand« zu nehmen. Die »pädagogische Ader vieler Journalisten« – wenn auch aus »ehrenwerten Gründen« – mache das Publikum anfällig für Manipulation. Trotz seiner Überzeugung, die mündige Gesellschaft sei »Fiktion«, war Günter Gaus der Ansicht, man müsse das massenmediale Publikum ständig für mündig erklären, damit es nicht der Gefahr einer politischen Täuschung ausgesetzt ist.[124]

> »Die Gefahr des pädagogischen Selbstauftrags und Auftrags der Journalisten besteht ja gerade darin, daß dieses eine Art von Journalismus ist, der sich an das Publikum als ein unterlegendes wendet, der das Publikum als Gruppe sieht, die belehrt werden muß, nicht im Sinne von informiert, über dem Publikum bis dahin

123 vgl. Hodenberg, Christina. 2006. Konsens und Krise. S. 284 ff.

124 vgl. Gaus, Günter. 1968. Report, Panorama, Monitor. S. 1, 3 f., 6 ff. und 9 f.

unbekannte Fakten, sondern das Publikum muss gegängelt werden, weil es sonst die Problematik ja gar nicht versteht. Ein auf diese Behandlung trainiertes Publikum kann nun freilich leicht, ohne den Unterschied auch nur zu merken, plötzlich aus der Gängelung in die Verführung gebracht werden.«[125]

Günter Gaus hielt es seinerzeit für nötig, das Publikum trotzdem für mündig anzunehmen, »selbst wenn man weiß, dass es das nicht ist« – und sowieso könne das Publikum, wenn überhaupt, dann irgendwann nur mündig werden, wenn es »an die Behandlung als ein mündiges gewöhnt wurde«. Günter Gaus machte klar: dem Publikum dürfe die Einsicht, dass in politischen Sendungen »nicht die apodiktische Wahrheit ausgedrückt«, sondern immer nur eine »Auswahl« getroffen werde, nicht vorenthalten werden – andernfalls bestünde die Gefahr der »Emotionalisierung« als Gegensatz zur nüchtern-rationalen Betrachtung.[126]

Die Demokratie zu stabilisieren verstanden die »45er« durchweg als ihre Hauptaufgabe. Der junge Weststaat wurde als instabil und »von innen gefährdet« wahrgenommen, weshalb die »45er« es weiterhin als »journalistische Pflicht« ansahen, die politische Meinungsbildung zu steuern. Es sollte alles Menschenmögliche und Medienmögliche getan und genutzt werden, um einen Rückfall in ein neues »1933« zu verhindern.[127]

Würden die politischen Bestrebungen der »45er«-Generation als To-do-Liste formuliert, könnte diese wie folgt lauten:

- Journalistische Praxis umgestalten: Kritik, Widerspruch, Diskurs, Dialog und offene Konflikte zulassen; journalistische Praxis an westlichen Demokratien orientieren; Abstand von zwingenden Bedingungen, von Konformität, von Anpassung

125 ebd. S. 9
126 vgl. Hodenberg, Christina. 2006. Konsens und Krise. S. 9, 12
127 vgl. ebd. S. 280 ff.

und Gefallsucht nehmen; liberaldemokratische Werte vermitteln; Kritik an der Tradition üben, statt einzelne Mitläufer zu verurteilen; die Oberen beaufsichtigen.

- Die Gesellschaft erziehen: Von innen demokratisieren und westlich-demokratische Werte vermitteln; verantwortungsbewusste und politisch befähigte Wählerinnen und Wähler schaffen; repolitisieren und entnazifizieren.
- Politik grundlegend wandeln: Einen stabilen, westlichen Staat schaffen; freiheitliche Politik durchsetzen; dem harmonisch-gesellschaftlichen Kanzler-Konsens der fünfziger Jahre die Stirn bieten; freiheitliche Werte und gleichberechtigte Ebenen schaffen; Regierungswechsel von der CDU zur SPD initiieren.

Die vorstehende Liste ist mit Günter Gaus' politischer Überzeugung nahezu deckungsgleich. Maßgeblich beeinflusst von Thornton Wilders »zärtliche[r] Hinwendung zu den Menschen in ihrem Provinznest« im Theaterstück *Unsere kleine Stadt*, fasst Gaus seine Weltanschauung zusammen:[128]

> »Der kleine, schwache, gewöhnliche Mensch, kein Überbau, kein Übermensch, soll das Maß aller Dinge sein.«[129]

128 vgl. Gaus, Günter. 2004. Widersprüche. S. 138
129 ebd.

IV. Über die Reihe: *Zur Person/Zu Protokoll*

Dieses Kapitel beschäftigt sich mit den politischen Bestrebungen der »45er«-Generation an einem konkreten Beispiel.

Als Moderator der Interview-Reihe und politischen Fernsehsendung *Zur Person* (zwischendrin auch *Zu Protokoll* und *Deutsche* betitelt) führte Günter Gaus 41 Jahre lang insgesamt 245 zukunftsweisende Interviews mit Personen der Zeitgeschichte.[130] 1963, das erste Produktionsjahr der Sendung, setzte Gaus rückblickend als Startpunkt seiner »Erfahrungen mit der Mediendemokratie«.[131]

Eine Auswahl der Interviews aus den Jahren 1963-69 soll im Folgenden analysiert werden. Trat in diesen Interviews seine eigene politische Grundüberzeugung als hintergründige Selbstbefragung hervor? Nutzte Günter Gaus seine Interviewpartner als Sprachrohr, um seinen eigenen politischen Wegweisern Rückenwind zu verleihen? Verstand Günter Gaus sich selbst als Präferenz für pragmatisches politisches Handeln?

Nachfolgend wird verdeutlicht, wie sich Gaus' penibel formulierte Fragestellungen auf die Authentizität und den politischen Informationsinhalt der Aussagen des jeweiligen Interviewten auswirkten. Die Darstellung stellt auch die Frage nach emotionaler und rationaler Wirkung einzelner interviewtechnischer Handlungsinventare.

130 vgl. ebd. S. 355 ff.

131 vgl. ebd. S. 187 f.

> »Ich verstehe mich ein bisschen als Katalysator. Ich will das Gegenüber, Partner oder Partnerin, wie ein Lackmuspapier nötigen, Farbe zu bekennen, auch in den Sachen, die wesentlich sind.«[132]

Um dem politischen Inhalt der untersuchten Interviewpassagen folgen zu können, sind zunächst die politischen Schlagzeilen der 1960er Jahre grob zu betrachten.

In den frühen sechziger Jahren hatte sich der von Konrad Adenauer mit der CDU in die Gesellschaft dirigierte harmonische Konsens fest etabliert und stellte einen der großen Kritikpunkte der »45er«-Generation dar. Die »45er«-Generation ist die Generation, die sich nach dem Krieg 1945 – aus den Jugendjahren der nationalsozialistischen Indoktrination herauskommend – plötzlich vor dem ideologischen Nichts wiederfand und sich, auf die westalliierte »Reeducation« stützend, völlig neu erfand. Während viele Ältere noch mit einem Fuß in der Vergangenheit standen und Kanzler Adenauer gesellschaftliche Einheit verordnete, identifizierten sich Günter Gaus und andere »45er« schnell mit westlich-demokratischen Werten. So machten sich nach der Gründung der Bundesrepublik im Jahr 1949 erste regierungskritische Stimmen breit, vor allem aber im stark verjüngten und entnazifizierten deutschen Nachkriegsjournalismus, während sie vom Konsens-Kanzler Adenauer hart bekämpft wurden.

Hart bekämpft wurde auch das »45er«-geleitete Nachrichtenmagazin *Spiegel*, welches sich in jenen Jahren der Ära Adenauer als Vorreiter kritischer journalistischer Aufklärung verstand. Aus zahlreichen Konflikten mit einzelnen Politikern, die vom *Spiegel* konstant kritisiert wurden, und dem Artikel *Bundeswehr: Bedingt abwehrbereit* vom 10. Oktober 1962, resultierte schließlich die *Spiegel*-Affäre (die durch Bundesverteidigungsminister Franz Josef Strauß initiierte Ver-

132 Gaus, Günter. 2004. In: Willemsen, Roger. 2004. Mit einer Frage auf den Lippen.

haftung kritischer Journalisten in Deutschland), gefolgt von starken Protesten in der Öffentlichkeit.[133]

1968 war das Jahr der Studentenproteste um Rudi Dutschke, welcher noch im selben Jahr einem Attentat zum Opfer fiel, an dessen Folgen er zehn Jahre später verstarb. Überall in der Welt lehnten sich in jener Zeit junge Menschen gegen politische Gewalt auf. Die sechziger Jahre waren die Jahre der Forderung nach Freiheit, nach Aufklärung über die faschistische Vergangenheit, die Jahre der weltweiten Bewegung für Humanismus und Demokratie, gegen staatliche Diktatur.[134]

Aus den gegensätzlichen Bestrebungen der Politik entwickelte sich in den Sechzigern ein unzufriedener gesellschaftlicher Groll. Alte und junge Eliten traten als journalistische Pädagogen auf, in deren Lehrauftrag gegenüber der Gesellschaft allerdings Uneinigkeit herrschte. Die Alten befeuerten den Konsens, die »45er« hielten kritisch dagegen. Dem Groll erwiderten die »45er«-Publizisten den wesentlichen Bestandteil ihres politischen Engagements: der CDU den Rücken zu kehren und zur Wahl der SPD aufzurufen.[135]

Hingewandt zur SPD, vollzog das Jahr 1969 schließlich den Regierungswechsel in der Bundesrepublik. Gustav Heinemann wurde Bundespräsident, Willy Brandt Bundeskanzler, gefolgt von Helmut Schmidt fünf Jahre darauf. Die hart umkämpfte Kritik wurde mit dem Regierungswechsel zur SPD 1969 in der Bundesrepublik endlich salonfähig und staatlich erwünscht. Ein großer Schritt in Richtung Demokratie war getan. Günter Gaus wird Politiker.

Zunächst wird untersucht, ob die Interviews *Zur Person* und *Zu Protokoll* des späteren *Ständigen Vertreters der BRD in der DDR*, Günter Gaus, einen generellen politischen Hang zur Sozialdemokratie und eine kritische Haltung gegenüber der Christdemokratie beinhalten.

133 nach Schneider, Kurt. 2020. Politische Skandale. und nach Pöttker, Horst. 2012. Meilenstein der Pressefreiheit – 50 Jahre »Spiegel«-Affäre.

134 nachzulesen in Arbeitsgemeinschaft der öffentlich-rechtlichen Rundfunkanstalten der Bundesrepublik Deutschland (ARD). 2007. ARD-Jahresrückblicke. Die Jahre 1960–1969.

135 vgl. Hodenberg, Christina. 2006. Konsens und Krise. S. 283

Für die Analyse werden eingangs das Interview aus dem Jahr 1964 mit Willy Brandt, das Interview von 1966 mit Helmut Schmidt und das 1968 produzierte Interview mit Gustav Heinemann herangezogen.

Sozialdemokratie

Willy Brandt gehörte innerhalb der SPD zu den Reformern, die sich für die »Demokratisierung« und »moderne Sozialpolitik« einsetzten[136] – eine Reform, die 1969 im Wahlsieg der SPD mündete.

Im Interview *Zur Person: Willy Brandt 1964* erzählt der angehende Bundeskanzler, welchen Einfluss Karl Marx' Buch *Das Kapital* auf ihn ausübte, was den Interviewer Günter Gaus in die Überleitung zum jüngsten politischen Wandel der SPD vom Verfechter des Marxismus zur »linken Volkspartei« bringt.[137]

> **Gaus:** »Sie sind, Herr Bürgermeister, nicht nur Kanzlerkandidat ihrer Partei, sondern [...] auch der Vorsitzende der SPD. [...] Der Widerstand in der SPD gegen die Reformer, zu denen Sie gehören, ist doch beträchtlich gewesen [...] Worin sehen Sie die Motive für diesen Widerstand? Sie ganz persönlich! Waren das, nach Ihrer Kenntnis, nach Ihrer Auffassung, vornehmlich Personalkämpfe, waren das Sentimentalitäten, war das verknöcherter Traditionalismus?«[138]

Während Günter Gaus nach traditionellem Festhalten einiger SPD-Funktionäre fragt, erwähnt er gleichzeitig die Kanzlerkandidatur Willy Brandts und dessen Zugehörigkeit zum Lager der modern denkenden Reformer innerhalb der SPD. Seiner direkten Frage nach Brandts

136 vgl. Brandt, Willy. In: Gaus, Günter. 1964. Zur Person: Willy Brandt. [18:31]

137 »Wandel« beschreibt hier das »Godesberger Programm« von 1959. vgl. Manig, Bert-Oliver. 2019. Von der Arbeiterpartei zur linken Volkspartei.

138 Gaus, Günter. 1964. Zur Person: Willy Brandt. [20:59]

Meinung zu Motiven der Kollegen schließt sich zunächst die ausführliche Erklärung Brandts an, die SPD sei nun eine völlig andere Partei als sie es vor 1933 war. Die Fragestellung entpuppt sich in Brandts Antwort als effektive SPD-Werbung. Als Willy Brandt zunächst die Möglichkeit nutzt, die neue politische Ausrichtung seiner Partei zu erklären, lässt ihn Günter Gaus bereitwillig gewähren. Nach kurzer Überleitung fährt Gaus mit seiner Fragestellung fort.

> **Gaus:** »Es wird gelegentlich gesagt, die SPD und ihr Vorsitzender Willy Brandt haben aufgehört, die Pflichten der Opposition wahrzunehmen. Wo ziehen Sie die Grenzen zwischen Entideologisierung, die Sie wünschen, und Grundsatzlosigkeit, die auch Sie fürchten?«[139]

Gaus schließt mit seiner Anschlussfrage nicht an den Kern der Ausgangsfrage an, sondern hängt sich thematisch an Brandts Antwort. Auch in der sich anschließenden Passage darf Willy Brandt nun die in der Fragestellung vorgetragene Kritik rechtfertigen.

Was im Folgenden klarer wird, soll zunächst vorab erwähnt werden: »Gaus bot seinen Gesprächspartnern die Chance zur Selbstdarstellung, aber er zwang sie eben auch dazu, dies in ganz bestimmter Weise zu tun.«[140]

Dieser Verdacht der inhaltlichen Steuerung bestätigt sich im Interview *Zur Person: Helmut Schmidt*, das sich anfangs mit Vorzügen der SPD und Mängeln der CDU beschäftigt.

> **Gaus:** »Herr Schmidt, Sie haben nach der Bundestagswahl im vergangenen Herbst Ihr Amt als Hamburger Innensenator aufgegeben und sind als Abgeordneter in die sozialdemokratische Bundestagsfraktion zurückgekehrt. Zurückgekehrt also in die Opposition. [...] Wie groß ist Ihre ganz persönliche Bitterkeit, die Sie dar-

139 ebd. [26:57]

140 nach Requate, Jörg. o. J. »Zur Person« S. 310 In: Sabrow, Martin. 2006. Zeithistorische Forschungen/Studies in Contemporary History 3.

über empfinden, dass Sie aus der handfesten Arbeit des Regierens, wenn auch nur auf Länderebene, in die relative Ohnmacht der parlamentarischen Opposition zurückkehren mussten?«
Schmidt: »Ja, Sie sagen mussten, Herr Gaus. Ich musste ja nicht, ich habe es ja gewollt!«[141]

Auch der Wortlaut dieser Fragestellung erweckt bei Helmut Schmidt ein gewisses Rechtfertigungsbedürfnis und äußert sich konkret in einer Haltung, die sein Engagement unterstreicht. Schmidts Antwort bekräftigt die Entschlossenheit, mit welcher er sein regierendes Amt im Landesparlament freiwillig aufgab, um sich der bundesparlamentarischen Oppositionsarbeit für die SPD zu widmen.

Gaus: »Aber ein bisschen Enttäuschung, dass es nicht weitergegangen ist, mit dem Regieren?«
Schmidt: »Ja, ich weiß nicht, ob der Ausdruck Enttäuschung richtig ist. Ich habe mich ja dazu entschlossen, es ist mir nicht ganz leicht gefallen, so will ich sagen …«[142]

Schmidts Nachsatz, es sei ihm »nicht ganz leicht gefallen«,[143] lässt nun vermuten, dass jede folgende Äußerung seine präsente Entschlossenheit relativieren könnte. Gaus unterbricht Helmut Schmidt an dieser Stelle hart mit mehreren Fragen, die die Ausrichtung des weiteren Interviewverlaufs korrigieren.

Gaus: »Haben Sie an einen sozialdemokratischen Wahlsieg geglaubt?«
Schmidt: »Nein, ehrlich gesagt, das habe ich nicht geglaubt. […] Ich bin insofern auch ein bisschen enttäuscht vom Ergebnis.«

141 Gaus, Günter. 1966. Zur Person: Helmut Schmidt. [00:26]
142 ebd. [01:50]
143 vgl. Schmidt, Helmut. In: Gaus, Günter. 1966. Zur Person: Helmut Schmidt. [1:58]

Gaus: »Warum haben Sie dennoch sich bereit gefunden, in das Schattenkabinett Willy Brandts einzutreten, wenn Sie an den Wahlsieg nicht glaubten?«
Schmidt: »Weil das notwendig war. Es müssen sich immer auch, wenn eine Sache nicht gerade außerordentlich aussichtsreich steht und außerordentlich hoffnungsreich, es müssen sich doch Leute finden, die das machen.«
Gaus: »Was sind die wichtigsten Gründe gewesen, nach Ihrer Meinung, die zu dem neuerlichen Misserfolg der SPD geführt haben?«[144]

In seiner Antwort redet Schmidt nun unter anderem von »tiefliegende[n] Gründe[n]«. Ein Großteil der Deutschen sympathisierte zwar mit der SPD – sei es aus »Verärgerung« über die aktuelle Regierung oder aus Gefallen an Inhalten der SPD – wäre aber bei der Wahl noch immer gehemmt, dann auch konsequent die SPD zu wählen. Schmidt setzt diese Hemmungen in Verbindung mit geschichtlichen Gründen, lobt »besonders gute Kandidaten« und einen »besonders guten Kanzlerkandidaten«. Weitere Gründe für den Misserfolg der SPD lägen in unbewussten, »sehr alte[n] Vorurteile[n]«, welche zu überwinden noch einige Zeit in Anspruch nähme.[145]

Günter Gaus unterbricht Helmut Schmidt und lässt seine letzten Worte wirken. Worte über unbewusste Hemmungen und die Unfähigkeit der Deutschen, mit alten Vorurteilen über die SPD aufzuräumen.

Im weiteren Verlauf des Interviews fragt Gaus nach den »Vorbehalten« gegenüber der CDU, als Helmut Schmidt »vor der Wahl« stand.[146] Schmidt stellt klar, für ihn »gab es gar keine Wahl«, der Eintritt in die SDP sei »selbstverständlich« gewesen, »Vorbehalte« hätten sich erst später gezeigt.[147] Günter Gaus nutzt diese Vorlage direkt aus:

144 Gaus, Günter. 1966. Zur Person: Helmut Schmidt. [2:07]
145 vgl. Schmidt, Helmut. In: Gaus, Günter. 1966. Zur Person: Helmut Schmidt. [3:59]
146 vgl. Gaus, Günter. 1966. Zur Person: Helmut Schmidt. [7:48]
147 ebd. [8:14]

> **Gaus**: »Und welche [Vorbehalte] sind das?«[148]

Helmut Schmidt kritisiert nun lang und breit die CDU. Mit seiner Ausgangsfrage und zielstrebiger Nachfrage bewirkte Günter Gaus, dass der Interviewte über die Nachteile der CDU und zuvor über die Vorteile der SPD sprach.

Zwei zukünftige SPD-Bundeskanzler der BRD, sowohl Willy Brandt als auch Helmut Schmidt, nutzen in Günter Gaus' Interviews die Möglichkeit, mit gesellschaftlichen Vorurteilen gegenüber der SPD aufzuräumen und ihre neugeordnete Partei in ein positives Licht zu rücken. Auch konkretere Nachfragen des Interviewers wirkten sich in SPD-günstigen Antworten aus und lenkten die Aussagen in eine CDU-kritische Ausrichtung.

Im Jahr 1969, dem Jahr des Regierungswechsels von der CDU zur SPD, wurde der SPD-Politiker Gustav Heinemann zum deutschen Bundespräsidenten gewählt. Ein Jahr zuvor wurde dieser von Günter Gaus interviewt. Finden sich auch hier ähnliche Anhaltspunkte?

Die Legitimität, als Christ SPD-Wähler zu sein, ist das Hauptthema des Interviews. Man müsse sich nicht insgeheim dem Zwang hingeben, dem »Christlich« in der Christlich-Demokratischen Union Tribut zu zollen und somit der spekulativen christlichen Verpflichtung zu verfallen, als solcher automatisch die Christlich-Demokratische Union, die CDU, im Wahlzettel ankreuzen zu müssen. Gaus steigt mit folgender Frage an Gustav Heinemann in die Thematik ein:

> **Gaus**: »Bedeutet [...] Ihre pragmatische Einstellung zu den Parteien, dass alle ethischen und sittlichen Fragen, Ihrer Überzeugung nach, stets nur vom einzelnen Individuum beantwortet werden können und dass diese Einzelbeantwortung auf keine Gruppe, auf keine höhere Instanz übertragen werden kann?«[149]

148 ebd. [8:43]

149 Gaus, Günter. 1968. Zu Protokoll: Gustav Heinemann. [4:58]

Gustav Heinemann stimmt der Frage des Interviewers uneingeschränkt zu. Gustav Heinemann ist Christ, ehemaliger CDU-Politiker und nun SPD-Politiker. Die Anschlussfrage bestätigt: Der CDU-kritische Aspekt liegt hier in Gaus' Frage, ob die CDU die christliche Wählerschaft für sich beanspruchen könne oder nicht:

Gaus: »Gibt es eine christliche Politik als Ausdruck einer Partei?«[150]

Handelt es sich bei der CDU-kritischen Tendenz um Vorsatz? Gaus' weitere Anschlussfragen bekräftigen diesen Verdacht. Im weiteren Verlauf kommt auch hier der jüngste Wandel der SPD zum Tragen. Auf konkrete Nachfrage des Interviewers wird Konrad Adenauer scharf kritisiert. Mehr sogar: Die Kritik am Ex-Bundeskanzler richtet sich direkt an den christlichen Verstand: »Gott ist da, Gott kann eingreifen, so er will«, erklärt Gustav Heinemann, »zum Beispiel dadurch, dass er einen Menschen aus seiner Funktion abberuft, wie schnell ist da ein Szenenwechsel mit all dem verbunden?«[151]

Die inhaltliche Zusammenfassung dieses Interviews könnte ungefähr so lauten: Die SPD sei nach dem Krieg eine völlig neue geworden. Die politische Meinung entspringe dem Individuum und sei nicht an religiöse Gemeinschaften oder höhere Wesen gebunden und auch nicht an die CDU. Kein Christ müsse die CDU wählen, nur weil diese sich christlich nennt. Christen dürften SPD wählen. In der SPD seien Christen vertreten, viele Pfarrer wählten SPD. Gott stünde über den Parteien, keine Partei dürfe Gott für sich beanspruchen. Verhülfe ein Regierungswechsel der SPD zur Macht, könne dies Gottes Wille sein. Politische Meinung und politische Mitgestaltung sei eine Pflicht des Christen. Diese politische Meinung und politische Mitgestaltung dürfe sich von der politischen Meinung der Kirche unterscheiden. Und das bedeute nicht – um nun die Kurve zu Gaus' Anschlussfrage zu

150 ebd. [6:38]

151 vgl. Gustav Heinemann. In: Gaus, Günter. 1968. Zu Protokoll: Gustav Heinemann. [34:50]

nehmen, dass der gläubige Christ ein schlechter Christ wäre, würde sich seine politische Meinung von der politischen Meinung der Kirche oder einer vermeintlich christlichen Partei unterscheiden:

> **Gaus**: »Immer mit der Möglichkeit, immer noch Christ zu sein, auch wenn man mit der jeweiligen Stellungnahme nicht übereinstimmt?«[152]

Auch dem stimmt Gustav Heinemann zu. Zum Schluss dieser Interviewpassage fasst Günter Gaus den Inhalt des Gesprächs und die Aussage der Antworten Gustav Heinemanns zusammen. Er weist auf die steigende Anzahl von »Taufscheinchristen« hin, die offenbar »nur aus Gewohnheit ein unverbindliches Ritual praktizieren« und vielleicht nur aus Gewohnheit die CDU wählten. Er weist auf die »Heuchelei« des Staates hin, die gleiche »Heuchelei«, die der CDU-wählende »Taufscheinchrist« betreibe, und darauf, dass die »Stellungnahmen aus kirchlichen Kreisen« dem Grunde nach keine wahrheitsgemäße Repräsentanz der wirklichen »Gemeindeüberzeugung« darstellten.[153]

Der Gesprächsinhalt hat eindeutig eine politische Neigung zur SPD und gegen die CDU.

Das könnte nun daran liegen, dass sowohl Willy Brandt als auch Helmut Schmidt und Gustav Heinemann SPD-Politiker waren und somit selbstverständlich politische Gegner der CDU. Aus dieser Tatsache könnte sich diese inhaltliche Färbung des Interviews entwickelt haben. Auffällig ist jedoch, dass Gaus' Fragestellungen und weitere Nachfragen das inhaltliche Thema vorgaben und immer wieder zu CDU-kritischen Aussagen der Befragten führten.

Um den Eindruck der tendenziösen Anschlussfragen näher zu untersuchen, soll nun als Gegenbeispiel das Interview mit dem CDU-Politiker, und zur Zeit des Interviews 1965 schon ehemaligen Bundes-

152 Gaus, Günter. 1968. Zu Protokoll: Gustav Heinemann. [36:08]
153 vgl. ebd. [33:54]

kanzlers, Konrad Adenauer untersucht werden. Finden sich auch hier SPD-günstige und CDU-kritische Inhalte?

Zu Beginn des Interviews *Zur Person: Konrad Adenauer 1965* befragt Günter Gaus den ehemaligen Bundeskanzler zunächst zu seinem Beinamen »Kanzler der einsamen Entschlüsse«:

> **Gaus**: »Herr Doktor Adenauer, man hat Sie oft den ›Kanzler der einsamen Entschlüsse‹ genannt. Ein Beiname, den Sie sich zuerst verdienten, durch Ihre Verhandlungen mit den hohen Kommissaren der drei westlichen Besatzungsmächte in den ersten Jahren der Bundesrepublik. Verhandlungen, die Sie weithin selbstständig und als Alleinvertreter der Westdeutschen geführt haben. Halten Sie den Beinamen ›Kanzler der einsamen Entschlüsse‹ für zutreffend oder lehnen Sie ihn ab?«[154]

Adenauer agiert zunächst klar im schon erwähnten Defensivmodus. Es ist auffällig, dass schon Günter Gaus' erste Fragestellung eine CDU-kritische Färbung enthält. Handelt ein Bundeskanzler, der Entschlüsse allein fällt, dem Prinzip nach demokratisch?

Auf Gaus' Anschlussfrage, ob Adenauer sich in seinen politischen Alleingängen »am sichersten fühlte« und ob dieser »Vorwurf [...], ›Kanzler der einsamen Entschlüsse‹ zu sein«, ihn »nie als Vorwurf berührt« hätte, ob er »das mit Gelassenheit getragen« hätte,[155] reagiert Adenauer wieder defensiv, rechtfertigt sein Handeln als Politiker und nimmt eine fast schon ablehnende Haltung ein.

Auffällig ist hier im Wesentlichen eines: Im Gegensatz zu den zuvor untersuchten Interviews mit den SPD-Politikern Brandt, Schmidt und Heinemann enthalten Adenauers Antworten zwar keine direkte Neigung zur SPD, allerdings dennoch CDU-Kritik. Durch stetiges Nachfragen, stets von Gaus thematisch fixiert, ist in dieser weiter verlaufenden Interviewpassage folgende inhaltliche Aussage der

154 Gaus, Günter. 1965. Zur Person: Konrad Adenauer. 1965. [0:26]
155 vgl. ebd. [1:32]

Antworten Adenauers entstanden: Der ehemalige CDU-Bundeskanzler Konrad Adenauer hat gern Entschlüsse allein gefasst.

Günter Gaus formuliert nun seine Anschlussfrage, die inhaltlich auf die von Adenauer gewünschten Eigenschaften seiner Mitarbeiter abzielt. Adenauers Antwort: Alle seine Mitarbeiter müssten sich der »Meinung des Kabinetts» anschließen.[156] Der Mitarbeiter, der sich nicht anpassen wollte, würde gefeuert, führt Adenauer weiter aus.[157]

> **Gaus:** »Der gesellschaftliche Wandel, der damit verbunden war, im Laufe der nächsten folgenden Jahrzehnte, haben Sie den im Großen und Ganzen gutgeheißen oder haben Sie die gesellschaftliche Ordnung, die stärkere Bindung der gesellschaftlichen Gruppen vor 1918 als sympathischer empfunden?«[158]

Auf diese Nachfrage, ob Adenauer die Entwicklung zur Weimarer Demokratie nach 1918 begrüßt hätte, oder ob er das nationalistische, obrigkeitliche, wilhelminische Ordnungssystem vor dem Ende des Ersten Weltkriegs bevorzugte, bekommt Gaus von Konrad Adenauer eine Antwort, die im Grunde eine CDU-förderliche ist. Adenauer gibt an, die demokratische Entwicklung »außerordentlich begrüßt« zu haben.[159] Zwar hinterfragt Gaus die demokratische Ausrichtung Adenauers anschließend im Detail – statt Adenauers Linie zu folgen, hält Gaus sein Interview allerdings in rustikaler Tendenz.

> **Gaus:** »Muss nicht ein Mensch in Ihrer Position zu einem Menschenverächter werden, wenn er die vielen sieht, die sich um ihn drängen, die etwas werden wollen, etwas haben wollen?«[160]

156 vgl. Adenauer, Konrad In: Gaus, Günter. 1965. Zur Person: Konrad Adenauer. [3:00]

157 vgl. ebd. [3:43]

158 Gaus, Günter. 1965. Zur Person: Konrad Adenauer. [15:56]

159 vgl. Adenauer, Konrad. in Gaus, Günter. 1965. Zur Person: Konrad Adenauer. [16:30]

160 Gaus, Günter. 1965. Zur Person: Konrad Adenauer. 1965. [19:57]

Die CDU-kritische Ausrichtung des Interviews mit Konrad Adenauer ist nicht von der Hand zu weisen. Durch thematisch fixierte Anschlussfragen, steuert Gaus die inhaltliche Tendenz des Interviews über die Bande. Zwar zeigen sich in den Antworten Adenauers natürlich Neigungen zur CDU und gegen die SPD, allerdings geht Günter Gaus in beiden Fällen nicht weiter darauf ein und geht nicht tiefer ins Detail, sondern wechselt stattdessen raffiniert das Thema oder holt zu scharfer Kritik aus. Seine Fragestellungen resultieren in effektiver SPD-Werbung. Er erstickt SPD-Kritik im Keim, lässt CDU-kritischen Antworten jedoch freien Lauf. Galant, zielstrebig und konsequent führt Günter Gaus skeptisch-tendenziöse Fragen defensiv bedeckten Antworten zu.

Die grundsätzliche Skepsis des »45ers« Günter Gaus zeigt sich jedoch nicht ausschließlich gegenüber Konrad Adenauer und dem politischen Stil der CDU, sie richtet sich ebenso gegen den SPD-Politiker Helmut Schmidt.

> **Gaus**: »Herr Schmidt, die Politiker Ihrer Generation – Sie wurden im Dezember 1918 in Hamburg geboren – die Politiker Ihrer Generation, die erst nach dem zweiten Weltkrieg in die Politik geraten sind, haben die schier unübersteigbaren ideologischen Schranken zwischen den Parteien nicht mehr recht kennengelernt. Die westdeutschen Parteien sind in vielen Grundauffassungen heute eines Sinnes. Unter diesen Umständen könnte sich doch ein Mann Ihrer Generation sehr wohl [...] ganz für sich selber sagen: Wärst du nach 1945 nicht in die Verliererpartei, in die bisherige Verliererpartei wenigstens, sondern in die Gewinnerpartei gegangen, [...] dann wärst du heute vielleicht Mitregierender in Bonn, du könntest deine politischen Vorstellungen in die Wirklichkeit umsetzen. Direkt gefragt, Herr Schmidt: Haben Sie gelegentlich das bittere Gefühl, ich habe falsch optiert, als ich 1946 in die SPD eingetreten bin?«[161]

161 Gaus, Günter. 1966. Zur Person: Helmut Schmidt. [5:05]

Auf diese Nachfrage, die vermuten lässt, Günter Gaus unterstelle Helmut Schmidt, er sei während der Nachkriegszeit, zwanzig Jahre vor dem Interview – generationell motiviert – womöglich nur wegen eines Machtbedürfnisses Politiker geworden und wäre darüber verbittert, sich der falschen Partei angeschlossen zu haben und die Macht verpasst zu haben, reagiert Helmut Schmidt defensiv. Die eigentliche Fragestellung lässt dem Grunde nach keine andere Antwort zu, als Rechtfertigung, die wieder die SPD über alle anderen Parteien erhebt.

> **Schmidt**: »Bittere Gefühle hat man zuweilen in der Politik, Herr Gaus. Aber das Gefühl, in die falsche Partei eingetreten zu sein, hat mich niemals beschlichen.«[162]

Anschließend schildert Helmut Schmidt seinen ganz persönlichen Weg zur SPD.

Skepsis und Generation

Wehrpflicht, Krieg, Gefangenschaft: Im Interview mit Günter Gaus stellt Helmut Schmidt klar, dass er die Illusionen der Reichspropaganda schon während des Krieges durchschaute und ablehnte. Ältere Offiziere machten ihn schließlich noch während der Kriegsgefangenschaft zum Sozialdemokraten.[163]

Schmidts Generation der »Kriegsjugend und Kriegskinder«, geboren zwischen 1900 und 1920[164], die zum Teil den ersten Weltkrieg noch miterlebte, wurde als Kinder, Jugendliche und junge Erwachsene von der autokratisch-ideologischen und auf alleinige Staatsmacht ausgerichteten Propaganda der NSDAP besonders stark beeinflusst.[165]

162 ebd. [6:01]
163 vgl. Schmidt, Helmut. In: Gaus, Günter. 1966. Zur Person: Helmut Schmidt. [6:21]
164 Helmut Schmidt wurde am 23. Dezember 1918 geboren
165 Die Generationsdarstellung folgt Christina von Hodenberg. vgl. Hodenberg, Christina. 2006. Konsens und Krise. S. 85

Schmidts Begeisterung für sozialdemokratische, politische Praxis teilten nach Kriegsende nur wenige seiner Generation. Aus der typischen apolitischen Haltung, aus der verstummten Isolation vom politischen Geschehen, traten indessen vereinzelt »Kriegskinder« hervor, welche rechten Ideologien huldigten und »verdeckt antidemokratisch« agierten. Seit Mitte der Fünfziger waren jene Akteure in ihrer »ideellen, antiliberalen und antiwestlichen« Haltung wieder öffentlich präsenter geworden. Für Gaus' Generation der »45er« stellte ihr eigenes Engagement, dieser antiliberalen Entwicklung in der Gesellschaft entgegenzuwirken, die Bevölkerung zu demokratisieren und eine »grundsätzliche Skepsis gegenüber nationalen Traditionen« zu etablieren, einen wichtigen Selbstauftrag dar.[166]

Ein Selbstauftrag, dessen skeptische Haltung sich seitens des »45ers« Günter Gaus auch gegenüber den »Kriegskindern« zeigte und einer gesamten Politiker-Generation ad hoc einen ideologischen Fanatismus als Folge der NS-Propaganda attestierte? Gaus' misstrauisch-überprüfende Fragestellungen lassen dies vermuten. »Hinter der kaltschnäuzig wirkenden skeptischen Weltklugheit« zumindest, wie es Helmut Schelsky über Gaus' Generation der »45er« treffend formulierte, stecke unter anderem »die tiefe Scheu, sich durch Phrasen, ja durch Worte überhaupt, täuschen zu lassen.«[167] Begründet diese Angst vor rhetorischer List – diese Furcht, durch falsche Wahrheiten geblendet zu werden – unterm Strich die Art seiner Fragestellung, die Günter Gaus der Kriegskindergeneration mehrmals und an verschiedener Stelle im Interview einen ideologisch-fanatischen Generalcharakter unterstellte? Die unterschiedlichen Deutungshorizonte dieser Generationen jedenfalls werden in Gaus' Sendung ausführlich thematisiert.

Die grundlegende Skepsis, die in den Gemeinsamkeiten und Unterschieden der Kriegsgenerationen zu wurzeln scheint, und die Günter

166 vgl. Hodenberg, Christina. 2006. Konsens und Krise. S. 85
167 nach Schelsky, Helmut. 1963. Die skeptische Generation. S. 78

Gaus generell gegenüber »großmächtigen Menschen« empfand[168], zeigt sich in seinen Interviews anhand nachbohrender Anschlussfragen. Zielte Günter Gaus thematisch auf politische Gemeinsamkeiten Helmut Schmidts mit dessen Zeitgenosse Franz Josef Strauß ab? Im Detail verglich Gaus die bestimmende politische Rhetorik des Bundesministers Strauß mit Schmidts Beinamen »Schmidt-Schnauze«.[169]

> **Gaus:** »Wie beurteilt der Politiker Helmut Schmidt den Politiker Franz Josef Strauß?«[170]

Zunächst zeigt sich in Helmut Schmidts Antwort die Bewunderung, die er dem »Energiebündel« Strauß entgegenbrachte, und anschließend auch die Abneigung. Helmut Schmidt bescheinigt dem Bundesminister Strauß einen »Mangel an Selbstkontrolle«, hält ihn für aufbrausend und »eine ganz gefährliche Kraft«.[171]

Mit Hinweisen auf Schmidts »große Tatkraft« während des Hochwassers in Hamburg 1962 und einem Vergleich seiner früheren Tätigkeit in polizeilicher Befehlszentrale mit einer zuweilen Ähnlichkeit mit »militärischen Kommandostellen«, überlässt Günter Gaus nun Helmut Schmidt einer Selbstbeurteilung.[172]

> **Gaus:** »Was sind Ihre vorherrschenden Eigenschaften, nach Ihrer Selbsteinschätzung, und wieweit sind die militärischen Eigenschaften ähnlich?«[173]

168 vgl. Gaus, Günter. In: Dieckmann, Christoph und Unger, Johannes. 1999. Günter Gaus – Der beständige Vertreter 3/3. [03:55]

169 vgl. Gaus, Günter. 1966. Zur Person: Helmut Schmidt. [21:13] – Günter Gaus selbst benutzt den Beinamen »Schmidt-Schnauze« gegenüber Helmut Schmidt.

170 ebd. [50:47]

171 vgl. Schmidt, Helmut. In: Gaus, Günter. 1966. Zur Person: Helmut Schmidt. [50:55]

172 vgl. Gaus, Günter. 1966. Zur Person: Helmut Schmidt. [52:41]

173 ebd. [53:23]

Die Skepsis des Interviewers gegenüber Helmut Schmidt präsentiert sich oftmals als Vergleich. Schmidts Aussage, er sei sich »eben nicht ganz sicher, dass der Strauß vorher weiß, was er sagt«[174], setzt Gaus mit Schmidts Charakter gleich.

> **Gaus**: »Sie wissen, wenn Sie hinaufgehen, was Sie sagen wollen, und wenn Sie herunterkommen, wissen Sie, was Sie gesagt haben?«[175]

Gaus unterstellt Schmidt offenbar einen ähnlichen aufbrausenden Charakter, wie er sich bei Franz Josef Strauß zeigte. Bereits zuvor berief sich Gaus auf Helmut Schmidts Reaktion auf Widerstand und erreichte mit einer genialen Fragefolge eine positiv formulierte Bestätigung dieser Vermutung.

> **Gaus:** »Sie gelten als ein harter Debatter. [...] Ich würde gern wissen, wie reagieren Sie auf Widerstand gegen Ihre Person und gegen Ihre Absichten? Gleichgültig, sofern es nicht ein Widerstand wird, der die Position gefährdet, oder wachsen Sie an Widerstand oder deprimiert Sie Widerstand, wenn er persönlich gefärbt ist, weil Sie sich dann verkannt fühlen?«
> **Schmidt**: »Ob man am Widerstand wächst, das kommt mir ein bisschen hochgestochen vor, das würde ich nicht gerne gebrauchen.«
> **Gaus**: »Sie würden es aber sachlich nicht ausschließen?«
> **Schmidt**: »Nein, ich würde es nicht ausschließen, im Gegenteil...«
> **Gaus**: »Sie würden es eigentlich doch für sich in Anspruch nehmen wollen?«
> **Schmidt**: »Ich würde es anders ausdrücken. Manche Fähigkeiten entfalten sich erst in der Auseinandersetzung.«

174 vgl. Schmidt, Helmut. In: Gaus, Günter. 1966. Zur Person: Helmut Schmidt. [50:55]

175 Gaus, Günter. 1966. Zur Person: Helmut Schmidt. [21:51]

> **Gaus**: »Haben Sie eine Scheu vor bestimmten Formulierungen, die Ihnen hochgestochen erscheinen, obwohl Sie den Tatbestand, der damit bezeichnet wird, für sich in Anspruch nehmen?«
> **Schmidt**: »Oh ja, oh ja, oh ja. Ich glaube, das ist für meine ganze Generation ziemlich weitgehend kennzeichnend, [...] dass wir uns in der Ausdrucksweise gern herunterspielen. [...] Nichts ist dieser Generation – und da fühle ich mich sehr typisch – verhasster, als die Phrase.«[176]

Entgegen folgender Beschreibung, »Gaus wollte die Interviewpartner nicht gezielt in die Enge treiben«,[177] zeichnet diese Passage mit Helmut Schmidt ein anderes Bild. Schmidt wurde hier buchstäblich »gegrillt«, um mit Egon Bahrs Worten zu schreiben.[178] Kurz zusammengefasster Inhalt: Helmut Schmidt wächst an Widerstand.

Im anschließenden Abschnitt des Interviews folgt eine ähnliche Fragenreihe, die schließlich Schmidts Art des Wachsens an Widerstand offenlegt.[179] Nachdem Gaus die Verletzlichkeit Willy Brandts während des Wahlkampfs anspricht, als dieser von Gegnern verunglimpft wurde, fragt er nach der Gefühlsfreiheit Helmut Schmidts in solcher Situation, was jenen schließlich nach sichtlichem Unbehagen, dem Griff zur Zigarette und einem von Gaus unterbundenen Ausweichmanöver, völlig authentisch zum Reden veranlasst; er wäre solchen Angriffen »in offener Feldschlacht«[180] begegnet.

Auch in den weiteren Fragen des Interviewers – beim Vergleich mit dem Generationsgenossen und späteren Staatssekretär Baron zu Guttenberg zum Beispiel – zeigt sich die – einen wütenden Charakter-

176 Gaus, Günter. 1966. Zur Person: Helmut Schmidt. [16:57]
177 vgl. Requate, Jörg. »Zur Person« In: Sabrow, Martin. 2006. Zeithistorische Forschungen/Studies in Contemporary History 3. S. 310
178 vgl. Bahr, Egon. In: Henneberg, Hellmuth. 2004. Erlauben Sie eine letzte Frage. [4:11]
179 vgl. Gaus, Günter. 1966. Zur Person: Helmut Schmidt. [18:31]
180 Schmidt, Helmut. In: Gaus, Günter. 1966. Zur Person: Helmut Schmidt. [20:07]

zug unterstellende – Skepsis des Interviewers gegenüber Helmut Schmidt.[181]

Gaus' Bemühungen, die Gemeinsamkeiten dieser Generation zu erfragen, wird auch im Interview mit Willy Brandt ersichtlich, welcher – obwohl von Helmut Schmidt anders empfunden – nach Christina von Hodenberg zur selben historischen Generation der »Kriegsjugend und Kriegskinder« gehörte wie Helmut Schmidt.[182]

> **Gaus:** »Herr Bürgermeister Brandt, Sie werden in diesem Jahr 51 Jahre alt und gehören damit zu jener Generation, die auch auf der politischen Bühne immer mehr in den Vordergrund rückt. Schröder, Strauß, Mende sind ungefähr im gleichen Alter. Sehen Sie eine Gemeinsamkeit dieser Generation? Gibt es etwas, was allen diesen Politikern gemeinsam ist, unabhängig von ihrer Parteizugehörigkeit und ihrem Hintergrund?«[183]

Im Anschluss an diese allgemeine Frage zu generationellen Gemeinsamkeiten fragt Gaus zunächst, ob die »enge Vertrautheit mit den Schwierigkeiten, in die jede Welt, jede Gesellschaft, jeder Staat jederzeit geraten kann [...] ein Wert« sei, den man »den Nachwachsenden mitgeben« könne,[184] was Brandt bejaht. Willy Brandt floh 1933 vor den Nationalsozialisten nach Skandinavien, trat aber kurz zuvor, aus Mitgliedschaft in der SPD kommend, 1931 in die Sozialistische Arbeiterpartei (SAPD) ein,[185] einen linken Ableger der SPD. Gaus' Skepsis gegenüber Brandts Generation zeigt sich auch hier wieder in der Frage nach einstigen

181 vgl. Gaus, Günter. 1966. Zur Person: Helmut Schmidt. – »Sie haben sich immer unter Kontrolle?« [20:45], »Sind die dann auch in Rage?« (Im Vergleich mit dem damaligen Baron zu Guttenberg) [21:47] oder »Kühlen Bluts oder doch in Rage?« [23:41]

182 vgl. Hodenberg, Christina. 2006. Konsens und Krise. S. 85

183 Gaus, Günter. 1964. Zur Person: Willy Brandt. [0:26]

184 vgl. ebd. [2:36]

185 vgl. Bundeskanzler-Willy-Brandt-Stiftung d.ö.R. o. J. 1913–1932. Arbeiterjunge in Lübeck.

ideologischen Fantasien, als mögliche Ursache für diesen Wechsel in ein extremes politisches Lager.

> **Gaus:** »An die politische Wirksamkeit dieser sektiererhaften linkssozialistischen Partei konnte doch wohl nur glauben, wer dogmatische, programmatische Fragen wichtiger nahm als die politische Realität. Ist das bei Ihnen so gewesen? War für Sie in dieser Zeit die dogmatische Seite des Sozialismus jene Seite, die Sie begeisterte?«[186]

In dieser kritischen Frage an Willy Brandt stellt Günter Gaus die »sektiererhaften« und »dogmatischen« Aspekte politischer Aktivität in den Mittelpunkt. Das Streben seiner Generation der »45er« nach Liberalisierung und Demokratisierung zeichnet sich auch in Gaus' Interviews ab. Die charakteristische Skepsis gegenüber Fanatismus, Absolutismus und realitätsferner Politik wird in den untersuchten Interviews deutlich.

Etwa zeitgleich betrat der Student Rudi Dutschke die politische Bühne und saß schon bald auf dem berühmten Sessel gegenüber Günter Gaus, welcher mit kritischen Fragen zur Person, zur geplanten Revolution und zu politischen Fantasien aufwartete. Dutschke, seines Zeichens Soziologe und berühmte Symbolfigur der Studentenproteste im Jahr 1968, stieß beim Skeptiker Günter Gaus auf besonders schwerwiegende Bedenken. Die Empfänglichkeit für Ideologien, die Günter Gaus im Revoluzzer Rudi Dutschke erkannte, entfachte sein Unbehagen gegenüber jener revolutionären Protestbewegung der »68er«.[187]

> **Gaus:** »Der Unterschied zwischen Ihrer Generation, Herr Dutschke, Sie sind Jahrgang 1940, zwischen Ihrer Generation und der Generation der heute Vierzig- bis Fünfzigjährigen, scheint mir darin zu bestehen, dass Sie, die Jüngeren, die aus den vergangenen

186 Gaus, Günter. 1964. Zur Person: Willy Brandt. [0:13:57]

187 vgl. Gaus, Günter. 2004. In: Willemsen, Roger. 2004. Mit einer Frage auf den Lippen.

> Jahrzehnten gewonnene Einsicht in die Verbrauchtheit der Ideologien nicht besitzen. Sie sind ideologiefähig. Akzeptieren Sie diesen Generationsunterschied?«[188]

Die thematische Orientierung des Interviews mit Rudi Dutschke steht ganz im Zeichen grundsätzlicher Skepsis. Nicht nur den Älteren: wie Schmidt, Brandt und Strauß, sondern auch den Jüngeren: Dutschke und Co., schreibt Günter Gaus einen Hang zur Ideologie zu, wobei er, von seiner eigenen Generation als Mitte ausgehend, gegenüber den Jüngeren nur den Älteren die Klarsicht auf übertriebene Ideologietreue zuerkennt.

Dennoch unterschieden sich beide Generationen massiv in ihrem Fundament: Den Kriegskindern wurde die ideologische Grundlage durch politische Propaganda der NSDAP in den zwanziger Jahren unbewusst eingebrannt.[189] Erst durch »Entideologisierung«, wie Gaus sagt,[190] und Brandt antwortet, entwickelten jene Kriegskinder das Verständnis, »1933« könne durch deren eigene, zu passive politische Haltung entstanden sein.[191] Die »68er« hingegen mutmaßten in den sechziger Jahren einen durch die etablierten Parteien organisierten, »institutionell gesicherten alltäglichen Faschismus«[192], gegen welchen anzukämpfen sie sich verpflichtet fühlten. Demnach wurden die Kriegskinder in den Zwanzigern von den Ideen des Faschismus ideologisiert, während die breite Bevölkerung sich anpasste und zu wenig für die Demokratie kämpfte – die »68er« hingegen kämpften stark für die Demokratie, sie ideologisierten sich durch ihren eigenen Kampf gegen den Faschismus und den Glauben an die konkrete Idee einer besseren Republik. Günter Gaus erkannte die Gefahr in beiden Fällen klar in der ideologischen Ausrichtung und in den möglichen Folgen für die Gesellschaft.

188 Gaus, Günter. 1967. Zu Protokoll: Rudi Dutschke. [18:05]
189 vgl. Hodenberg, Christina. 2006. Konsens und Krise. S. S. 85
190 vgl. Gaus, Günter. 1964. Zur Person: Willy Brandt. [18:19]
191 vgl. Brandt, Willy. In: Gaus, Günter. 1964. Zur Person: Willy Brandt. [17:27]
192 vgl. Hodenberg, Christina. 2006. Konsens und Krise. S. 417

Einer der bekanntesten Wortführer jener gegen den Faschismus und für die Demokratie kämpfenden »68er«-Bewegung in den sechziger Jahren war Rudi Dutschke.

Utopie

Das Interview *Zu Protokoll: Rudi Dutschke* orientiert sich thematisch an den politischen Zielen der Außerparlamentarischen Opposition (APO) und des Sozialistischen Deutschen Studentenbundes (SDS), jener revolutionären, studentischen Protestbewegung der sechziger Jahre, die eine völlige Umgestaltung des deutschen Gesellschaftssystems anstrebte, dessen Führerfigur Rudi Dutschke das »bestehende parlamentarische System für unbrauchbar«[193] hielt.

> **Gaus**: »Herr Dutschke, das ist der Punkt, auf den ich jetzt komme: Auf dem Marsch zu Ihrem Fernziel, einem menschenfreundlichen, gutgemeinten Ziel, kann es Ihnen doch passieren, dass Sie höchst menschenfeindlich reagieren müssen. Sie können doch nicht vermeiden, möglicherweise Gefängnisse und Konzentrationslager errichten zu müssen, damit Sie auf Ihrem Marsch zu Ihrem paradiesischen Fernziel nicht unterbrochen werden.«[194]

Diese skeptische Feststellung des Interviewers ist in ihrer Parallele zur deutschen NS-Geschichte sicherlich nicht unbeabsichtigt. In der Fragestellung zeigt sich Gaus' Befürchtung, die politische Ausrichtung Dutschkes könnte altbekannte gesellschaftspolitische Formen annehmen. Seinen Kampf gegen den Faschismus[195] führt Gaus hier gegen Rudi Dutschke und die Seinen, die ihrerseits ebenfalls gegen den Faschismus kämpften.

193 vgl. Dutschke, Rudi. 1967. In: Gaus, Günter. 1967. Zu Protokoll: Rudi Dutschke
194 Gaus, Günter. 1967. Zur Person: Rudi Dutschke. [16:03]
195 vgl. Gaus, Günter. In: Willemsen, Roger. 2004. Mit einer Frage auf den Lippen.

Sowohl historisch als auch politisch positioniert sich Gaus' Generation der »45er« in der Mitte zwischen den Kriegskindern und den »68ern«, sie teilte den pädagogischen Massenerziehungsauftrag der Älteren und den demokratisch-motivierten Antifaschismus der Jüngeren.[196] Um den Faschismus zu bekämpfen, versuchten jene ehemaligen Flakhelfer und Hitlerjungen mittels massenmedialer Gesellschaftspädagogik die freiheitliche Demokratie durchzusetzen. Diese Abkehr vom Konsens, dieser stillrevolutionäre, selbsterlaubte Anspruch auf eine liberal-demokratische, kritische und vielfältige Öffentlichkeit wurzelte im Sommer 1945, als das Ende des Zweiten Weltkriegs einer gesamten Generation die politische Kehrtwende bescherte. Jenes urplötzliche Erwachen aus jugendlichen Träumen teilten die »45er« weder mit den Älteren noch mit den Jüngeren. Die Wandlung seiner Generation, von der ideologiebedürftigen, jugendlichen Naivität[197] hin zu absoluter Skepsis und strikter Ablehnung dogmatischer Weltanschauungen nach dem Ende des Zweiten Weltkriegs,[198] zeigte Günter Gaus auch gegenüber den Staatsfantasien der »68er« und ganz besonders im Interview mit deren Leitfigur Rudi Dutschke.

> **Gaus**: »Welche Eigenschaften müssen aus den Menschen herausoperiert werden, damit sie das leisten, was Sie von ihnen erwarten?«[199]

Die »68er« fanden wieder Gefallen an träumerischen Ideologien und machten mobil gegen diese pessimistischen »Scheiß-Liberalen«, wie Gaus' Generation von Dutschkes Generation genannt wurde.[200] Im Interview gibt Günter Gaus Rudi Dutschke seine Abneigung gegen

196 vgl. Hodenberg, Christina. 2006. Konsens und Krise. S. 280 ff.
197 vgl. Schelsky, Helmut. 1963. Die skeptische Generation. S. 67
198 vgl. ebd. S. 74
199 Gaus, Günter. 1967. Zur Person: Rudi Dutschke. [11:50]
200 Günter Gaus verwendet den Begriff »Scheiß-Liberaler« in: Gaus, Günter. 1972. Zu Protokoll: Rudolf Augstein. [12:11]

dessen politischer Fantasie zu verstehen und drückt aus, dass »die Jüngeren«, also Dutschke und sein Gefolge, keine realen Vorstellungen von möglichen politischen Folgen eines ideologischen Fanatismus haben könnten, weil ihnen die Erfahrung mit dem Nationalsozialismus fehle.[201] Aus eigener Erfahrung berichtend, warfen die »45er« den »68ern« vor, deren neuerliche, »utopische Vorstellungen«, wie Dirk Moses schreibt, würden »jugendlicher Romantik« geschuldet sein.[202] Romantik schien den »68ern« tatsächlich ein Bedürfnis zu sein. Rudi Dutschke jedenfalls verabscheute die dröge und unattraktive Gestaltung der Politik, bemängelte spärliche Dekoration, die »Unfähigkeit der Parteien«, die Gesellschaft zur Mitarbeit an Politik zu motivieren.[203]

> **Gaus**: »Sie beklagen jetzt den Mangel an einer gesellschaftspolitischen Utopie. In allen Ehren gesagt.«[204]

Auf Dutschkes Kritik und Beklagen mangelnden gesellschaftspolitischen Engagements – das Gaus' Generation übrigens auch beklagte[205] – reagierte Günter Gaus mit Skepsis. Vermutete Günter Gaus in Rudi Dutschke den unreflektierten Ideologen, den gefürchteten Gesinnungsethiker[206], welcher die Folgen seiner Handlungen der Durchsetzung seiner vermeintlich überlegenen Ideologie unterordnet?

Dutschkes Generation der »68er« verstand sich zwar ebenso wie Gaus' ältere »45er«-Generation als kritische Kraft gegenüber der Politik, jedoch positionierten die »45er« ihre Skepsis klar gegen jede Ideologie – begründet in deren eigener Erfahrung mit dem Nationalsozialismus –, während die »68er« wieder Vergnügen und politisches Interesse

201 vgl. Gaus, Günter. 1967. Zu Protokoll: Rudi Dutschke. [18:05]

202 vgl. Moses, Dirk. 2000. Die 45er. Eine Generation zwischen Faschismus und Demokratie. In: Neue Sammlung. 2000. S. 247 f.

203 vgl. Dutschke, Rudi. In: Gaus, Günter. 1967. Zu Protokoll: Rudi Dutschke. [30:42]

204 Gaus, Günter. 1967. Zu Protokoll: Rudi Dutschke. [31:26]

205 vgl. Hodenberg, Christina. 2006. Konsens und Krise. S. 256 ff.

206 Der Begriff »Gesinnungsethik« ist konträr zur »Verantwortungsethik« zu verstehen und geht zurück auf Max Weber. vgl. Schubert, Klaus und Martina Klein. 2018. Das Politiklexikon.

an gutgemeinten Ideen eines menschenfreundlicheren Systems der Zukunft fanden. Ein absolutes System, dessen Umsetzung Jahre dauern sollte und dessen utopische, menschenfreundliche Staatsvorstellung sich notfalls auch auf öffentliche, von vornherein als Notwehr entschuldigte Gewalt stützen sollte.[207] Ein Paradoxon par excellence. Kann ein absolutes, mittels Gewalt umgesetztes Staatssystem menschenfreundlich sein?

> **Gaus**: »Sie glauben – wenn ich Sie recht verstehe –, Ihre Revolution wird sich in sehr langen Etappen entwickeln, und es wird jeweils eine Etappe erst abgeschlossen sein, wenn die Menschheit den Bewusstseinsstand, den sie für diese Etappe braucht, erreicht hat. Wenn sie das aber erreicht hat, dann bedarf es keiner Gefängnisse und keiner Konzentrationslager. Richtig?«[208]

Gaus' Fragestellung ist wiederholt in ihren Deutungsoptionen stark begrenzt. Die Gefahren dogmatischer Ideologien kannten die »45er« noch aus den Jahren als Jugendliche, sie witterten neue totalitäre Gefahr aus den Reihen der »68er«.[209] Gaus vergleicht Dutschkes Ziele mit den Verbrechen des Faschismus der deutschen Vergangenheit. Die »68er« bemängelten unterdessen ihrerseits einen sich einschleichenden Faschismus in der gegenwärtigen Bundesrepublik.[210]

Zwar positionierten sich beide Generationen für die Demokratie, die »68er« allerdings in Form einer gesellschaftspolitischen Euphorie, die sich an den ideologischen Glauben an einen besseren Menschen in einer besseren Gesellschaft hing.[211]

---

207 vgl. Gaus, Günter. 1967. Zu Protokoll: Rudi Dutschke. [24:47]

208 ebd. [16:57]

209 vgl. Moses, Dirk. 2000. Die 45er. Eine Generation zwischen Faschismus und Demokratie. In: Neue Sammlung. 2000. S. 253

210 vgl. Dutschke-Klotz, Gretchen. o. J. In: Nölke, Stefan. o. J. Gretchen Dutschke im Gespräch. »Das Land braucht große Veränderungen«. [17:11]

211 vgl. Hodenberg, Christina. 2006. Konsens und Krise. S. 411

> **Gaus**: »Meine Sorge bei Ihren Wünschen ist die ideologische Grundlage.«[212] – »Ich behaupte nun aber, dass jede ideologisch geprägte Politik in unserer heutigen Zeit, in unseren Industriestaaten, im Grunde menschenfeindlich ist. Sie zwingt den Menschen auf eine vorgezeichnete Bahn, der er folgen muss, damit es den späteren Menschen einmal besser geht.«[213]

In Gaus' Fragen an Rudi Dutschke stellt sich die offensichtliche Skepsis gegenüber Ideologien dar. Um den Kampf gegen Faschismus, für Freiheit und Demokratie in die Köpfe der Deutschen zu bringen, nutzten die »45er« die Massenmedien als Instrument unterschwelliger Beeinflussung, während die »68er« die Öffentlichkeit nutzten, um ihren Kampf gegen Faschismus, für Freiheit und Demokratie in die Medien zu bringen. Während die »45er« in jugendlicher »Pseudo-Erwachsenheit« und beharrlicher Skepsis[214] hintergründig auf Kritik und Diskurs setzten, zeigte sich bei den »68ern« der Mut zum Glauben an ein gänzlich erneuertes freiheitlich-demokratisches System – sie standen öffentlich und kritisch gegen staatliche Autorität, für Freiheit und Demokratie ein.

> »Dutschke und die Seinen träumten von einer Revolution und einem neuen Menschen. Was sie bewirkten, war eine Re-Ideologisierung der linken Jugend und ein folgenreiches Aufbegehren gegen althergebrachte gesellschaftliche Autoritäten.«[215]

Saßen sich im Interview *Zu Protokoll: Rudi Dutschke* die Revolutionäre gegenüber? Schließlich hatten die »45er« die NS-geschädigten Deutschen schon seit Jahren einer stillen, demokratischen Revolution unter Nutzung der Massenmedien unterzogen. Führten die »68er«

212 Gaus, Günter. 1967. In: Zur Person: Rudi Dutschke. [32:54]
213 ebd. [18:56]
214 vgl. Schelsky, Helmut. 1963. Die Skeptische Generation. S. 81
215 Gaus, Günter. 2004. Widersprüche. S. 175

diese unterschwellige Revolution an die Oberfläche, als sie seit der *Spiegel*-Affäre, wie Gaus schrieb: »einen in Deutschland ungewohnten politischen Ort: Die Straße zum Demonstrieren gegen staatliche Maßnahmen«,[216] entdeckten? Was Schelsky über die »45er« schreibt, lässt sich wohl ebenso auf die »68er« beziehen: »Die Jugend folgt nur den Erfahrungen, die ihr genauso wie den Erwachsenen beschert worden sind, und sie tut es auf den Wegen, die sie bei den Erwachsenen als erfolgreich sieht.«[217] Die demokratische »Vorarbeit« der »45er« war für die »68er« nutzbar. Setzten die »68er« schließlich das um, was die »45er« vorbereitet hatten?[218]

Beiden Generationen lag der Kampf gegen den Faschismus und für Freiheit und Demokratie zu Grunde. Gegenseitiges Misstrauen brachte jedoch Spannungen. Während die Abneigung gegenüber Ideologien für die »45er« eine unüberwindbare Hemmschwelle darstellte, bedeutete der Mut zur Utopie gesellschaftlichen Rückenwind für die »68er«.

Ratio und Emotion

Günter Gaus misstraute den »68ern« und deren »Mut zu umfassenden Konzepten«, schließlich waren diese in der Lage, »gegebenenfalls laut zu singen, Gefühle in die Politik umzusetzen« und damit – so zitiert Gaus das Interview mit Oscar Lafontaine – der begrenzten politischen Eignung des Rationalen eine emotionale politische Betrachtung entgegenzusetzen.[219] Und Emotionen sollten doch – so Gaus – in der Politik immer durch Vernunft ersetzt werden.[220] Ein ganz besonderes Anliegen allerdings teilte Günter Gaus mit dem »68er« Rudi Dutschke. Mit dem »in Unmündigkeit gehaltenen Volk«, – wie Dutschke sagte –

216 vgl. ebd.
217 Schelsky, Helmut. 1963. Die Skeptische Generation. S. 78
218 vgl. Hodenberg, Christina. 2006. Konsens und Krise. S. 438 f.
219 vgl. Gaus, Günter. 1986. Die Welt der Westdeutschen. S. 71
220 nach Gaus, Günter. 1968. Report, Panorama, Monitor. S. 1

sollte es »einen kritischen Dialog«[221] geben; Gaus schrieb 1968, es müsse diesem deutschen Volk in politischen Themen die Mündigkeit zumindest unterstellt werden.[222]

Sowohl Günter Gaus als auch Rudi Dutschke beklagten eine für unmündig erklärte westdeutsche Gesellschaft. Dutschke als Triebkraft und Argument seiner geplanten Revolution und Gaus als demokratiestabilisierendes und pluralisierendes Instrument zur Befähigung der deutschen Gesellschaft zur politischen Wahl seiner obrigkeitlichen Repräsentanten.

> »Wir können nicht das System der repräsentativen, parlamentarischen Demokratie verteidigen und alle vier Jahre dieses Publikum zur Wahlurne rufen, aber in den Jahren dazwischen dies Publikum als unmündig behandeln.«[223]

In den den sechziger Jahren hielten die meisten »45er«-Journalisten das deutsche Publikum für politisch unmündig. Die politische Befähigung der westdeutschen Gesellschaft zur Wahl seiner repräsentativen Vertreter war mangelhaft. Ein politikverdrossener, unzufriedener Groll des wählenden Publikums gegenüber der Politik war an der Tagesordnung; sogar wurden Vergleiche zur Situation kurz vor der Machtergreifung der Nationalsozialisten 1933 gezogen. Aus dieser Furcht vor dem erneuten Scheitern eines demokratischen Staates entwickelte sich zu Beginn der sechziger Jahre eine selbst auferlegte Kernaufgabe der »45er«-Journalisten: Der steuernde Eingriff in die Bildung der politischen Meinung.[224]

Die politische Reife der Westdeutschen wird von Günter Gaus im Interview 1968 mit dem späteren Bundespräsidenten Gustav Heinemann thematisiert.

---

221 vgl. Dutschke, Rudi. In: Gaus, Günter. 1967. Zur Person: Rudi Dutschke. [6:08]
222 nach Gaus, Günter. 1968. Report, Panorama, Monitor. S. 10
223 ebd. S. 10
224 vgl. Hodenberg, Christina. 2006. Konsens und Krise. S. 282 f.

> **Gaus**: »Gehen Sie davon aus, dass die Deutschen ein politisch weniger begabtes Volk sind als andere, oder haben es Westdeutschlands Politiker nach 1945 versäumt, das politische Bewusstsein der Wählermehrheit anzuheben?«[225]

Antwortend auf die Frage des Dauerskeptikers[226] Gaus, erklärt Gustav Heinemann die mangelnde politische Befähigung der Deutschen anhand der deutschen Geschichte, dass »wir durch Jahrhunderte obrigkeitlich erzogen worden sind, [...] zu einem Hinnehmen, unkritischen Hinnehmen sogar, dessen, was eine Obrigkeit tut.« Was den Deutschen fehle, sei das Engagement, »selbst mit einzusteigen [...] selber aktiv mitzudenken und zu handeln«.[227] Auch der erste Ex-Kanzler der Republik Konrad Adenauer erklärte sich die mangelnde politische Stärke der Deutschen aus der Geschichte.

> **Gaus**: »Herr Doktor Adenauer: Wie beurteilen Sie die politische Reife des deutschen Volkes?«
> **Adenauer**: »Das deutsche Volk hat in den letzten Jahrzehnten zu viel erleben müssen [...]. Wenn man einmal diese ganzen Erlebnisse sich klarmacht und die Reihenfolge, [...] dann wird man verstehen können, dass das deutsche Volk eben noch nicht aus dieser inneren Unruhe zu einer inneren Festigkeit und Stetigkeit gewachsen ist.« [228]

Adenauer meinte wohl den Ersten Weltkrieg 1914, das anschließende Zur-Ruhe-kommen mit der Gründung der ersten deutschen Demokratie – der Weimarer Republik 1918 –, das sich anschließende, folgenschwere Aufbegehren der Nationalsozialisten in den Zwanzigern, deren

225 Gaus, Günter, 1968. Zur Person: Gustav Heinemann. [20:31]

226 vgl. Gaus, Günter. In: Dieckmann, Christoph und Unger, Johannes. 1999. Günter Gaus – Der beständige Vertreter 3/3. [03:55]

227 vgl. Heinemann, Gustav. In: Gaus, Günter. 1968. Zu Protokoll: Gustav Heinemann. [20:43]

228 Gaus, Günter, 1965. Zur Person: Konrad Adenauer. [29:09]

Hetze und Propaganda, die Verfolgung der Juden, Hitlers Machtergreifung und die Gründung des Dritten Reichs 1933, den Zweiten Weltkrieg 1939, den Holocaust, die Zerstörung und den völligen Zusammenbruch 1945.

Direkt im Anschluss an jene Ereignisse begann nach Kriegsende 1945 die sogenannte »Reeducation«, die Entideologisierung und Entnazifizierung der deutschen Bevölkerung durch die alliierten Siegermächte in Westdeutschland, mit dem Ziel, die Deutschen zu westlichen Demokraten zu erziehen. Eine mögliche Umerziehung von »eine[r] Kultur, die ihren Mittelpunkt in der Macht als den höchsten Wert hat und die Gerechtigkeit und Gleichheit der Menschen wieder und wieder als die widerwärtigen Überreste einer dekadenten Demokratie bezeichnet«, wurde schon im Vorfeld von alliierten Wissenschaftlern aufwändig diskutiert. Der »Kern des deutschen Problems«, wie der Sozialpsychologe Kurt Lewin 1943 beschreibt, läge in erster Linie darin, »dass deutsche Bürger es nie verstanden haben, ihre Häupter in geeigneter Weise zu kritisieren [...]. In der deutschen Kultur wird ›Loyalität‹ in typischer Weise mit ›Gehorsam‹ identifiziert.«[229]

Demnach fände sich die Ursache der deutschen politischen Unmündigkeit in der Obrigkeitshörigkeit, in der mangelnden Fähigkeit oder Befähigung, Kritik an der Regierung zu üben und in vermeintlich sicherer Gewohnheit brav alles auszuführen, was von oben herab aufgetragen wird. Diese bürgerliche Schwäche und grobe politische, undemokratische Fahrlässigkeit der Deutschen erschwerte auch 1968 noch Günter Gaus' Interviews.

»Das Publikum ist [...] wenig aufgeschlossen für andere Meinungen als seine eigenen. [...] Die Konfliktscheue, die das deutsche

229 vgl. Lewin, Kurt. 1943. Der Sonderfall Deutschland. In: Lewin, Kurt. 1953. Ausgewählte Abhandlungen über Gruppendynamik. S. 85 – Kurt Lewin beschäftigte sich in den frühen 1940ern mit psychologischen und soziologischen Einzelheiten einer möglichen Umerziehung der Deutschen.

> Publikum nach meinen Eindrücken auszeichnet, ist ein besonderer Hemmschuh für qualifizierte politische Sendungen.«[230]

Den Deutschen »diese unsere besondere Geschichte bewusst zu machen«, hielt SPD-Politiker Gustav Heinemann auch 1968 noch für eine »Erziehungsaufgabe«.[231] Die kritische Aufarbeitung und politische Aufklärung der deutschen Geschichte ist auch ein wesentliches Thema, eigentlich sogar das Kernthema in Gaus' Interviewsendung. Günter Gaus wollte wirken und überzeugen, den pädagogischen Gestus lehnte er jedoch ab. Statt von oben herab Demokratie, Toleranz und Pluralismus zu diktieren, hielt es Günter Gaus für sinnvoller, auf die Vernunft des Einzelnen zu bauen.

> »Die Gefahr des pädagogischen Selbstauftrags und Auftrags der Journalisten besteht ja gerade darin, daß dieses eine Art von Journalismus ist, der sich an das Publikum als ein unterlegendes wendet, der das Publikum als Gruppe sieht, die belehrt werden muß, nicht im Sinne von informiert, über dem Publikum bis dahin unbekannte Fakten, sondern das Publikum muss gegängelt werden, weil es sonst die Problematik ja gar nicht versteht. Ein auf diese Behandlung trainiertes Publikum kann nun freilich leicht, ohne den Unterschied auch nur zu merken, plötzlich aus der Gängelung in die Verführung gebracht werden.«[232]

Ein pädagogisch erzogenes und für unmündig gehaltenes Volk, ein emotional belehrtes und nicht als rational denkend betrachtetes Publikum würde doch gerade dadurch, dass es erzogen wird, anfällig für Manipulation, schreibt Günter Gaus, welcher von sich selbst schreibt, oft beiläufig politisch aufgeklärt worden zu sein.[233] Um mögliche

230 Gaus, Günter. 1968. Report, Panorama, Monitor. S. 6
231 Gaus, Günter, 1968. Zur Person: Gustav Heinemann. [21:20]
232 Gaus, Günter. 1968. Report, Panorama, Monitor. S. 9
233 Gaus, Günter. 2004. Widersprüche. S. 99

Manipulationen zu verhindern, müsse man das Publikum zukünftig immer für mündig erklären, auch wenn es das eigentlich gar nicht ist. Günter Gaus setzte sich eifrig dafür ein, dass politische Sendungen zukünftig nicht emotional gestaltet werden sollten, sondern an die Vernunft, an den rationalen Verstand eines für mündig erklärten Bürgers zu richten seien, den es eigentlich gar nicht gäbe. Es sei »Fiktion [...] zu glauben, dass das allgemeine gleiche und geheime Wahlrecht auch bereits gleich beschaffene Wähler geschaffen hätte«. [234]

Masse und Individuum

Im politischen Kontext wird im Folgenden zwischen dem Wähler als Individuum und dem Wähler als Mitglied der Masse der gesellschaftlichen Allgemeinheit unterschieden.

Die vom Begründer der Massenpsychologie Gustave Le Bon charakterisierten »Wählermassen«, die »zur Wahl irgend welcher Amtsinhaber berufenen Gesamtheiten«, wie Le Bon beschreibt, sind mangels kritischer Fähigkeiten nur durch Emotionen zu beeindrucken und können somit legitim als unvernünftig bezeichnet werden. Die Wählermassen sind nicht in der Lage, rational zu denken, sondern geben sich in ihrer Gesamtheit grundsätzlich spontanen Emotionen hin.[235] Die Massen kennen »nur eingeflößte, niemals überlegte Urteile« und der absolute »Mangel an [...] kritischem Geist« baut diese Unfähigkeit, rationale Schlussfolgerungen zu ziehen, weiter aus.[236] Auch mit besonderer Intelligenz gesegnet, kann der Einzelne als Mitglied der Wählermasse nicht punkten. »In dem Moment, da sie zu einer Masse gehören, werden der Ungebildete und der Gelehrte zur Beobachtung gleichermaßen unfähig«, klärt Le Bon auf.[237]

234 nach Gaus, Günter. 1968. Report, Panorama, Monitor. S. 9
235 vgl. Le Bon, Gustave. 1922. Psychologie der Massen. S. 89 ff.
236 vgl. ebd. S. 93
237 vgl. ebd. S. 14 f.

Dieser emotional manipulierbaren Masse steht das rational denkende Individuum gegenüber, welches letztlich zur Wahl seiner repräsentativen Staatslenker bundeswahlgesetzlich berechtigt und ethisch verpflichtet ist. Dieses moderne, neuzeitliche Individuum beschreibt Günter Gaus im Interview *Zur Person: Hannah Arendt 1964.*

> **Gaus:** »In einem Ihrer wichtigsten Werke – *Vita activa oder Vom tätigen Leben* – [...] kommen Sie zu dem Schluss, Frau Arendt, dass die Neuzeit den Gemeinsinn, also den Sinn für die Erstrangigkeit des Politischen, entthront hat, und Sie bezeichnen als die modernen gesellschaftlichen Phänomene: Die Entwurzelung und Verlassenheit des Massenmenschen und den Triumph eines Menschentyps, der im bloßen Arbeits- und Konsumvorgang sein Genügen findet. [...] Sie kommen zu dem Schluss, dass die, ich zitiere: ›eigentlichen weltorientierten Erfahrungen‹ – gemeint also Einsichten und Erfahrungen höchsten politischen Ranges – ›sich mehr und mehr dem Erfahrungshorizont der durchschnittlichen menschlichen Existenz entziehen‹. In diesem, was menschliche Existenz anlangt wichtigsten Aspekt, so sagen Sie, ist heute ›das Vermögen zu Handeln auf wenige beschränkt‹. Was bedeutet dies in der praktischen Politik, Frau Arendt? Wie weit wird unter diesen Umständen eine Staatsform, die theoretisch auf der Mitverantwortung aller Staatsbürger beruht, zu einer Fiktion?«[238]

Zu Recht behauptet Gaus, das Interview mit Hannah Arendt sei sein bestes.[239]

Wie Günter Gaus in seiner Frage beschreibt, bezeichnet Hannah Arendt das Individuum des Wählers der Neuzeit vornehmlich als aus der Masse der Allgemeinheit ausgekoppelt, arbeitend, konsumierend, nicht an Politik interessiert und »völlig auf sich selbst zurückgeworfen«. Ihm läge »nichts mehr daran, wie die Welt aussieht«, und

238 Gaus, Günter. 1964. Zur Person: Hannah Arendt. [01:01:20]
239 vgl. Gaus, Günter. 2004. Widersprüche. S. 202

das »Konsumieren tritt an die Stelle«, wie Hannah Arendt sagt und Gaus ergänzt, »des öffentlichen Handelns«.[240]

Dieser neuzeitliche, desinteressierte Arbeiterwähler, der als Individuum im allabendlichen Fernsehprogramm möglicherweise Günter Gaus' Politiksendung *Zur Person* oder *Zu Protokoll* konsumiert, ist in jenem Moment nicht direkt der zuvor beschriebenen Wählermasse zuzurechnen, sondern ihm ist eindeutig der Status eines Individuums zuzugestehen. Dadurch ist ihm, während er nun das politische Fernsehprogramm verfolgt, durchaus eine rationale Denkweise zuzutrauen.

Diesem Individuum zukünftig – wie Gaus schrieb[241] – die Mündigkeit zu verordnen, erscheint sinnvoll, weil das Individuum, im Gegensatz zu den Wählermassen, nicht per se rationaler Schlussfolgerungen unfähig zu sein scheint. So könnte der – in der Ausgangsfrage an Hannah Arendt bemängelte – politische Sachverstand der Allgemeinheit durch den Appell an die Ratio des Individuums gefördert werden, was zu gesteigerter politischer Beteiligung der Allgemeinheit, und präzise: was aufgrund gesteigerten politischen Sachverstands letztlich zu mehr rationalem politischem Engagement in der Gesellschaft führen könnte.

Mit dem gesellschaftlichen Wandel der Deutschen beschäftigte sich der maßgeblich an der Reeducation beteiligte Sozialpsychologe Kurt Lewin schon in den vierziger Jahren: »Soll ein ausreichend tiefer und dauerhafter Wandel vollzogen werden«, beschreibt Lewin, »so muß der einzelne Mensch in seiner Eigenschaft als Mitglied von Gruppen angesprochen werden. Gerade als Mitglied einer Gruppe, ist der Einzelne am ehesten nachgiebig.«[242]

Folge man Lewins Empfehlungen, müsse man das konsumierende Individuum als Mitglied der Wählermasse ansprechen und könne

240 vgl. Gaus, Günter. 1964. Zur Person: Hannah Arendt. [1:03:40]

241 vgl. Gaus, Günter. 1968. Report, Panorama, Monitor. S. 9

242 nach Lewin, Kurt. 1943. Der Sonderfall Deutschland. In: Kurt Lewin. 1953. Die Lösung sozialer Konflikte. S. 89

so die Masse durch Beeinflussung des Einzelnen rational erziehen. So ließe sich das von Le Bon beschriebene Massenphänomen ins Wanken bringen.

> »Wenn es überhaupt möglich ist, […] eines Tages ein mündiges Publikum zu haben, dann ist es […] nur möglich, wenn das Publikum an die Behandlung als ein mündiges gewöhnt wurde.«[243]

Günter Gaus' Bemühungen, das politische »Publikum an die Behandlung als ein mündiges« zu gewöhnen, bedeuteten allerdings nicht, dass – wie der letzte Teil der Frage an Hannah Arendt andeutet – mehr politisches Engagement notwendig für ein reales demokratisches System gewesen wäre. »Die repräsentative Demokratie«, schreibt Gaus, hätte sich so spielend in Deutschland etablieren können, »weil sie dem Souverän, dem Wählervolk, alle Freiheit zum Nicht-Engagement zwischen den Wahlen einräumte.« Günter Gaus erinnerte sich, dass er »ganz pragmatisch in diesem schonenden Umgang des pluralistischen Systems mit den Menschen den großen Vorzug dieser Form von Demokratie erkannte.«[244]

Während der konsumierende Arbeiter als Bestandteil der »Wählermasse« vor der Flimmerkiste ein vernünftig denkendes Individuum darstellt, sind die aufständischen »68er« hingegen in ihrer Gesamtheit eindeutig den »homogenen Wählermassen« zuzuordnen, denen jegliche Fähigkeit zur Kritik und jegliche rationale Denkfähigkeit verwehrt bleibt und die sich autoritätsgläubig und intolerant gegenüber anderen Meinungen – somit unmündig – der propagierten Meinung ihres »Führers« hingeben.[245]

243 Gaus, Günter. 1968. Report, Panorama, Monitor. S. 10
244 Gaus, Günter. 2004. Widersprüche. S. 131
245 vgl. Le Bon, Gustave. 1922. Psychologie der Massen. S. 57 ff.

> **Gaus**: »Sie schließen aus, Herr Dutschke, dass ein Teil Ihrer Anhängerschaft sich einfach langweilt im Wohlfahrtsstaat und deswegen Ihnen folgt?«[246]

»Sherlock Gaus« stellt in der folgenden Interviewpassage wieder Vergleiche an, um seinem aufmüpfigen Interviewpartner auf die Schliche zu kommen.

> **Gaus**: »Herr Dutschke, die bürgerliche deutsche Jugend im großen Frieden von 1914 – wie ich das gerne nenne – war der damals herrschenden Verhältnisse so überdrüssig, dass sie literarisch nach einem Stahlbad gerufen hat, was sie dann in Langemark auch erhielt. Heute gibt es unter Ihren Freunden den Ruf nach zwei, drei und weiteren Vietnams, aus denen dann der neue Mensch, der die Welt rettet, hervorgehen soll. Ist das eine Parallele?«[247]

Gibt es einen Zusammenhang zwischen dem kommunistischen Aufstand in Vietnam, welcher in einem grausamen Krieg mit den USA mündete und den politikverdrossenen Wünschen nach politischer Besserung der Deutschen, kurz vor dem »Stahlbad«, dem Beginn des Ersten Weltkriegs? Stellt die grausame, zerstörerische und menschenfeindliche Gemeinsamkeit beider Ereignisse schließlich eine realistische Parallele zum – notfalls mit Waffengewalt weiterzuführenden – revolutionären Aufstand unzufriedener »68er« dar, die sich dem ideologischen Glauben an einen besseren Menschen in einer besseren Welt hingaben?

Ein halbes Jahr später wird Rudi Dutschke in Berlin niedergeschossen. Zehn Jahre darauf verstirbt er an den Folgen des Attentats. Die geplante Revolution bleibt aus.

1969 wird die SPD stärkste Kraft im Bundestag, Willy Brandt wird Bundeskanzler, Gustav Heinemann Bundespräsident. Helmut Schmidt übernimmt 1974 den Kanzlerposten von Willy Brandt. Konrad

246 Gaus, Günter. 1967. Zu Protokoll: Rudi Dutschke. [23:50]
247 ebd. [22:38]

Adenauer verstarb bereits 1967. Erst ab 1982 regierte wieder die CDU in der Bundesrepublik. Hannah Arendt erhielt 1967 den *Sigmund-Freud-Preis* für wissenschaftliche Prosa. Im selben Jahr wurde Günter Gaus Chefredakteur des *Spiegel.*

Als Staatssekretär und »Ständiger Vertreter [...] in Ost-Berlin« traf Gaus später wiederholt auf Rudi Dutschke. Dutschke sei »in mancherlei Hinsicht ein Deutschnationaler« gewesen, urteilte Günter Gaus rückblickend auf das mehrstündige Gespräch.[248]

1981 wird Günter Gaus Wissenschaftssenator und veröffentlicht mehrere Bücher die sich durchweg tiefgründig mit Deutschland befassen. Das eingangs erwähnte Manuskript schließt mit mahnenden Worten:

> »Wenn das, was ich gesagt habe, nicht geschieht, dann freilich halte ich für sehr gut denkbar, dass eine wirklich[e] Massenbeeinflussung durch das Fernsehen stattfindet. Nicht auf [...] [dem] von mir als meinem Acker empfundenen Gebiet der Ratio, sondern durch Emotionalisierung. Es findet keineswegs eine Vergeistigung des Publikums statt. Es findet keineswegs statt, dass das Publikum nun neue Einsichten auf dem Gebiet der Ratio gewonnen hat, sondern auf der Ebene der Emotionalisierung sind vorgeprägte Aggressionen verstärkt worden und drängen nach einer Entladung, die freilich jedes System kaputtmachen kann.
> Ich danke Ihnen.«[249]

248 vgl. Gaus, Günter. In: Willemsen, Roger. 2004. Mit einer Frage auf den Lippen.
249 Gaus, Günter. 1968. Report, Panorama, Monitor. S. 12

Schlussbetrachtung

Fernsehen allgemein führe zu »Emotionalisierung«, befand Günter Gaus, aber Interviews oder *Zur Person* wären »ja eigentlich gar kein Fernsehen«.[250]

Um sich gründlich vorzubereiten und gegebenenfalls »nicht ins Ungefähre hinein weiterforschen« zu müssen, las Günter Gaus im Vorfeld etwaige Bücher des Befragten und sprach »mit einem Freund und einem Gegner«. Dennoch musste er »gegenwärtig sein«, dass sein Gegenüber ihn »dann und wann mit einer Antwort verblüffte. [...] Meine Reaktion darauf aber sollte dann die auf eine Ausnahme sein und nicht, Mangels Vorbereitung, auf eine Regel«,[251] schrieb der Interviewer.

Günter Gaus nannte seinem Interviewpartner vor Beginn der Sendung stets die erste Frage, damit dieser sich vorbereiten konnte. Das Interview stieg somit direkt in die Thematik ein, ohne dass der Interviewte zu Beginn lange nachdachte.[252] Gaus' Interesse an der interviewten Person, gepaart mit eigener politischer Motivation und skeptischer Neugierde, charakterisieren seine Sendung. Die Explosivität der ersten Antwort brachte einen Zuwachs an Authentizität mit sich. Günter Gaus' Interviews appellieren an die Ratio und wirken dennoch auf authentisch-emotionaler Ebene.

---

250 Gaus, Günter. 1999. In: Bayrischer Rundfunk. 1999. Günter Gaus. Journalist im Gespräch mit Werner Reuß.

251 vgl. Gaus, Günter. 2004. Widersprüche. S. 189 f.

252 vgl. ebd. S. 191 f.

Ratio, Emotion und Authentizität

Die fesselnde Wirkung seiner Interviews entspringt letztlich einer Mischung aus rationaler Erörterung von Sachfragen und authentisch-emotionaler Darstellung des Interviewten. Ratio schafft Einsicht, Authentizität entsteht durch Emotion. »Gesicht und Hände des Interviewten, in regelmäßigen Kameraeinstellungen ohne Zwischenschnitte nahe herangeholt«, waren »kräftige, zwingende Bildmotive«,[253] und er selbst näherte sich »unvoreingenommen den Fakten«, dies hätte, so Gaus, »solche Interviews ermöglicht.«[254]

Es scheinen sechs kommunikative Ebenen im Beziehungsdreieck des Interviews zu bestehen, jeweils eine rationale und eine emotionale zwischen Interviewer, Befragtem und Empfänger.

Auf der emotionalen Ebene hielt Günter Gaus den Befragten strategisch in einem defensiven Rechtfertigungsmodus. Seine Fragestellungen erweckten oft ein Rechtfertigungsbedürfnis beim Interviewten, was zu authentischen Aussagen führte. Dieser Defensivmodus, in welchem sich der Befragte auf vermeintliche Anschuldigungen rechtfertigen zu müssen meinte, wirkte sich in der Entschlossenheit des Befragten positiv auf dessen Glaubwürdigkeit aus – in seiner Authentizität gegenüber dem Empfänger.

Diese Authentizität begründet eine sensible emotionale Ebene zwischen Befragtem und Empfänger. Gaus steuerte diese Ebene durch Rapport[255], oft auf Friede-Freude-Eierkuchen-Niveau, mitunter irgendwo zwischen aggressiver Spannung und Eskalation; Provokation, Verwirrung und Sympathievermittlung waren seine Instrumente.

Diese bewusste Steuerung der Emotionen des Befragten begründet die emotionale Ebene zwischen Interviewer und Empfänger.

---

253 vgl. ebd. S. 190

254 vgl. Gaus, Günter. 2004. In: Willemsen, Roger. 2004. Mit einer Frage auf den Lippen.

255 Der psychologische Begriff »Rapport« bezeichnet die sozial-emotionale Beziehung zwischen Menschen. vgl. Ready, Romilla und Burton, Kate. 2005. Neurolinguistisches Programmieren für Dummies. S. 123 f.

Auf der rationalen Ebene mit dem Befragten stellte Gaus Sachfragen, brachte die Antworten in eine logische und wirksame Reihenfolge und bewertete politische Sachverhalte. Günter Gaus wollte in erster Linie »ein Interview machen, [...] nicht diskutieren.«[256] Er legte »großen Wert darauf«, dass er »Interviews« machte »und kein Gespräch führ[t]e«.[257]

Diese rationale Inhaltsebene zwischen Interviewer und Befragtem unterschied sich von der rationalen Inhaltsebene zwischen Befragtem und Empfänger: Während der Befragte im Defensivmodus inhaltlich auf Gaus' Fragestellung antwortet, entsteht im Kontext der Gesamtheit der Antworten für den Empfänger ein schlüssiger Gesamtinhalt, obwohl für den Befragten jede Frage für sich selbst stand.

Dies begründet eine weitere rationale Ebene zwischen Interviewer und Empfänger. Bei der Themenwahl für das jeweilige Interview durchdachte Gaus offenbar im Vorfeld die individuellen politischen Standpunkte seines Interviewpartners und machte sich dessen Ansichten zielorientiert zu nutze, indem er seine eigenen Inhalte darin abbildete.

Politischer Anspruch

Die deutsche Geschichte schwang in Günter Gaus' Interviews immer mit. Die politischen Impulse seiner Generation der »45er« spiegelten sich in seinen Fragen wider. Den pädagogischen Gestus lehnte Günter Gaus ab, jedoch erhob er – mitunter verdeckt und in latenter Arroganz[258] – zuweilen seinen ethischen Zeigefinger. Die Beiläufigkeit, in welcher Günter Gaus seine subjektiven politischen Erkenntnisse

256 vgl. Gaus, Günter. 2004. In: Willemsen, Roger. 2004. Mit einer Frage auf den Lippen.

257 Gaus, Günter. 1999. In: Bayrischer Rundfunk. 1999. Günter Gaus. Journalist im Gespräch mit Werner Reuß.

258 Die latente Arroganz ist im Interview *Zur Person: Konrad Adenauer* gut erkennbar, als Gaus den Altkanzler fragte, ob er im Dienst »nie geschwindelt« hätte. [14:12]

dem Publikum servierte, deutet jedoch nicht ausschließlich auf eigensinnige Hochnäsigkeit des Interviewers hin, sondern kann vielmehr als gute Absicht gewertet werden, die Menschen zur Vernunft bringen zu wollen, was ihm allerdings – wie er selbst sagte – »nicht immer« gelang.[259] Die Ausgangsfrage nach der Präferenz für pragmatisches politisches Handeln, als welche Günter Gaus sich möglicherweise sah, ist damit eigentlich schon beantwortet.

In den untersuchten Interviews mit SPD-Leuten zeigte sich Stimmigkeit im beidseitigen politischen Anspruch, was ebenso für Präferenz-Ansprüche spricht. Gaus' »Fragen zu Herkunft, Karriere, Irrtümern, Fehlern, Illusionen, Zielen«[260] waren grundsätzlich kritisch formuliert. Durch thematisch fixierte Anschlussfragen, steuerte Günter Gaus die inhaltliche Tendenz des Interviews. Der SPD nützliche und CDU-kritische Antworten wurden von Gaus stets befeuert. SPD-kritische und CDU-günstige Antworten fanden keine nachfragende Beachtung, bewirkten stattdessen scharfe Angriffe des Interviewers auf die CDU. Hieraus lässt sich schließen, dass Gaus seine Fernsehinterviews einer bewusst gesteuerten politischen Tendenz zuführte. Günter Gaus nötigte seine Interviewpartner, in bestimmter Weise von sich selbst zu erzählen.[261] Im Interview mit Gustav Heinemann wird klar, wie perfekt Günter Gaus die Thematik seiner Interviews auf den Befragten abstimmte. Es handelt sich bei der inhaltlichen CDU-Kritik offenbar ebenso um Vorsatz des Interviewers.

Gaus thematisierte in einigen untersuchten Interviews den Generationenaspekt der »Kriegskinder«-Generation, der »45er« und später auch der »68er«. Die grundsätzliche Skepsis des Interviewers ist offensichtlich. Helmut Schmidt bekam direkt ein zuweilen wütendes Gemüt unterstellt, und Gaus stellte Fallen, die dieses Gemüt aufdecken sollten. Gaus thematisierte Eigenschaften anderer Politiker

259 vgl. Gaus, Günter. In: Dieckmann, Christoph und Unger, Johannes. 1999. Günter Gaus – Der beständige Vertreter 3/3. [12:45]

260 vgl. Gaus, Günter. 2004. Widersprüche. S. 189 f.

261 nach Requate, Jörg. o. J. »Zur Person« S. 310 In: Sabrow, Martin. 2006. Zeithistorische Forschungen/Studies in Contemporary History 3.

dieser Generation (in diesem Fall Franz Josef Strauß, Willy Brandt und Karl Theodor zu Guttenberg), ließ Helmut Schmidt Vergleiche zu sich selbst ziehen und stellte im Verlauf des Interviews immer wieder Fragen, die auf Schmidts vermeintlich wütendes Gemüt abzielten. Es kann insgesamt geschlussfolgert werden, dass Günter Gaus inhaltlich systematisch auf ideologisch-fanatische Parallelen innerhalb der »Kriegskinder«-Generation und mit den »68ern« hinarbeitete.

Aus seinen Fragestellungen lässt sich zudem Gaus' Skepsis gegenüber Worten ableiten, die Helmut Schelsky der gesamten »45er«-Generation zuschrieb.[262] Eine einzige Antwort überzeugte Günter Gaus nicht. Er näherte sich den Tatsachen aus verschiedenen Richtungen, hinterfragte Sachverhalte mehrmalig und überprüfte die erhaltenen Antworten.

Die skeptische Abneigung, die der »45er« Günter Gaus gegenüber Ideologien verspürte, ist im Interview mit Rudi Dutschke deutlich erkennbar. Gaus unterstellte Dutschke in nahezu jeder Frage ideologische Grundzüge. Stets dozierte Gaus über die Gefahren der Ideologie und bekräftigte seine Abneigung dagegen. Wird die generationelle Jugenderfahrung der »45er« in diesen Eindruck einbezogen, lässt sich schlussfolgernd aussagen, dass die ideologiekritische Tendenz des Interviews mit Rudi Dutschke Vorsatz bedeutete.

Sicherlich war es Günter Gaus' persönliches Anliegen, auf geschichtliche, politisch-soziologische Zusammenhänge hinzuweisen. Seine stark dirigistische Position dirigierte er geschickt über die Bande. Seine Interviewfragen stammen ausnahmslos von ihm.[263] Die Erkenntnis, dass rationale Betrachtungen immer sinnvoller seien als emotionale, wollte er weitergeben. Ideologien, verstanden als fanatisch-leidenschaftliche Hingabe an eine politische Idee – seien sie auch mit menschenfreundlichsten Wünschen verbunden – bewertete Günter Gaus als Gefahr.

262 vgl. Schelsky, Helmut. 1963. Die skeptische Generation. S. 78
263 vgl. Gaus, Günter. 2004. Widersprüche. S. 192

Günter Gaus nutze seine politischen Interviews, um dem Publikum seine eigenen politischen Anliegen in Form der »Personalisierung von Sachfragen« vorzutragen. Ein Widerspruch, denn damit kam Gaus seiner eigenen Forderung, Emotionalisierung in politischen Sendungen auszuklammern, nur teilweise nach. Gaus hielt diese Form der »Personalisierung«, diesen »Orientierungsersatz« für Ideologien – wie er politische Interviews nannte – selbst nicht für optimal, wusste aber »keine andere Lösung«. »Die immer komplexer werdende Sachumwelt« ließe sich »in den handelnden Personen noch am ehesten scheinbar und manchmal auch tatsächlich begreifen«, schrieb Günter Gaus.[264]

Widersprüche lautet der Titel seiner Memoiren, *Was bleibt, sind Fragen* nannte er eines seiner unzähligen weiteren, allesamt handschriftlich formulierten Bücher.[265] Im Jahr 2003, ein Jahr vor seinem Tod, verkündete Günter Gaus, ihm bliebe nun »nur noch das Vergnügen, sich selber nichts mehr vorzumachen«. Er sei nun »kein Demokrat mehr«, »weil die Demokratie sich selbst verloren« habe. Aus dem »gesellschaftlichen Zusammenleben von Wählern und Gewählten« sei »mehr und mehr eine Schauveranstaltung geworden.«[266]

Versteht sich diese politische Einsicht des gestandenen demokratischen Geistes als ganz persönlicher Wandel, oder gar als gesellschaftspolitischer Wendepunkt der modernen Bundesrepublik? Entschied er sich im hohen Alter tatsächlich gegen die Demokratie, oder wurde Günter Gaus des Privilegs, ein Demokrat zu sein, beraubt?

Günter Gaus verstarb am 14. Mai 2004 in Hamburg.

264 vgl. Gaus, Günter. 1968. Report, Panorama, Monitor. S. 2
265 vgl. Gaus, Bettina. 2006. In: Gaus, Günter. 2004. Widersprüche. S. 330
266 nach Gaus, Günter. 2003. In: Der Freitag. 2003. Warum ich kein Demokrat mehr bin.

Literatur

Arbeitsgemeinschaft der öffentlich-rechtlichen Rundfunkanstalten der Bundesrepublik Deutschland (ARD). o. J. ARD gegründet. Online: http://web.ard.de/ard-chronik/index/5438?year=1950&month=6 [abgerufen am 29.12.2020]

Arbeitsgemeinschaft der öffentlich-rechtlichen Rundfunkanstalten der Bundesrepublik Deutschland (ARD). o. J. ARD gegründet. Online: http://web.ard.de/ard-chronik/index/5438?year=1950&month=6 [abgerufen am 29.12.2020]

Arbeitsgemeinschaft der öffentlich-rechtlichen Rundfunkanstalten der Bundesrepublik Deutschland (ARD). 2007. ARD-Jahresrückblicke. Die Jahre 1960-1969. Online: https://www.tagesschau.de/jahresrueckblick/meldung218842.html [abgerufen am 06.02.2021]

Bayrischer Rundfunk. 1999. Günter Gaus. Journalist im Gespräch mit Werner Reuß. Online: https://www.google.com/url?sa=t&rct=j&q=&esrc=s&source=web&cd=&ved=2ahUKEwir_oqryIPvAhXOxqQKHdV8CVQQFjAJegQIDRAD&url=https%3A%2F%2Fwww.br.de%2Ffernsehen%2Fard-alpha%2Fsendungen%2Falpha-forum%2Fguenter-gaus-gespraech100~attachment.pdf%3F&usg=AOvVaw18Dl7oaaUXZk2vgYp_j9-a [abgerufen am 24.02.2020]

Benz, Wolfgang. Bundeszentrale für politische Bildung. 2008. Die Bundesrepublik Deutschland tritt in die Geschichte ein. Online: https://www.bpb.de/geschichte/deutsche-geschichte/grundgesetz-und-parlamentarischer-rat/39033/ein-neues-deutschland [abgerufen am 03.01.2021]

Benz, Wolfgang. Bundeszentrale für politische Bildung. 2005. Infrastruktur und Gesellschaft im zerstörten Deutschland. Online: https://www.bpb.

de/geschichte/nationalsozialismus/dossier-nationalsozialismus/39602/infrastruktur-und-gesellschaft?p=0 [abgerufen am 09.01.2021]

Bundesarchiv. o. J. 2. Unterrichtung des Kabinetts über die Grundzüge des neuen Bundespressegesetzes. 1952. Online: https://www.bundesarchiv.de/cocoon/barch/1000/k/k1952k/kap1_2/kap2_1/para3_2.html [abgerufen am 03.01.2021]

Bundeskanzler-Willy-Brandt-Stiftung d. ö. R. o. J. 1913–1932. Arbeiterjunge in Lübeck. Online: https://www.willy-brandt-biografie.de/t/1913-1932/ [abgerufen am 15.02.2021]

Bundeszentrale für politische Bildung. 2017. Die 1960er Jahre. Vom Fernsehspiel zum Fernsehfilm. Online: https://www.bpb.de/gesellschaft/medien-und-sport/deutsche-fernsehgeschichte-in-ost-und-west/245194/die-1960er-jahre [abgerufen am 25.02.2021]

Bundeszentrale für politische Bildung. 2020. Öffentlich-rechtlicher Rundfunk: von der Gründung der ARD bis heute. Online: https://www.bpb.de/politik/hintergrund-aktuell/311191/die-gruendung-der-ard [abgerufen am 29.12.2020]

Bundeszentrale für politische Bildung. 2018. NS-Schriftleitergesetz: Journalisten als Staatsdiener. Online: https://www.bpb.de/politik/hintergrund-aktuell/283118/ns-schriftleitergesetz [abgerufen am 03.01.2021]

Bundeszentrale für politische Bildung. o. J. 70 Jahre Allgemeine Erklärung der Menschenrechte. Online: https://www.bpb.de/politik/hintergrund-aktuell/282210/menschenrechte [abgerufen am 03.01.2021]

DER SPIEGEL. 1962. Bundeswehr. Bedingt abwehrbereit. In: DER SPIEGEL. Aufl. 41/1962. Der Artikel ist online verfügbar: https://www.spiegel.de/spiegel/print/d-25673830.html [abgerufen am 05.01.2021]

Deutsches Pressemuseum. o. J. Schriftleitergesetz. Online: http://pressechronik1933.dpmu.de/schriftleitergesetz-4-10-1933/ [abgerufen am 03.01.20]

Dieckmann, Christoph und Unger, Johannes. 1999. Günter Gaus – Der beständige Vertreter 3/3. [03:55] Online: https://www.youtube.com/watch?v=LwTM7UhPfIM [abgerufen am 14.01.2021]

Dutschke-Klotz, Gretchen. o. J. In: Nölke, Stefan. o. J. Gretchen Dutschke im Gespräch. »Das Land braucht große Veränderungen«. [17:11]

Online: https://www.mdr.de/kultur/buchmesse/audios-und-videos/video-gretchen-dutschke-klotz-buchmesse-leipzig-100.html [abgerufen am 18.02.2021]

Dutschke-Klotz, Gretchen. 1996. Wir hatten ein barbarisches, schönes Leben. Rudi Dutschke. Eine Biographie von Gretchen Dutschke. Kiepenheuer & Witsch. Köln.

Echternkamp, Jörg. Bundeszentrale für politische Bildung. 2015. Kriegsideologie, Propaganda und Massenkultur. Online: https://www.bpb.de/geschichte/deutsche-geschichte/der-zweite-weltkrieg/199404/kriegsideologie-propaganda-und-massenkultur [abgerufen am 04.03.2021]

Gaus Bettina. 2004. In: Gaus, Günter. 2004. Widersprüche. Erinnerungen eines linken Konservativen. 1. Auflage 2006. Ullstein. Berlin.

Gaus, Günter. 1999. In: Bayrischer Rundfunk. 1999. Günter Gaus. Journalist im Gespräch mit Werner Reuß. Online: https://www.google.com/url?sa=t&rct=j&q=&esrc=s&source=web&cd=&ved=2ahUKEwir_oqryIPvAhXOxqQKHdV8CVQQFjAJegQIDRAD&url=https%3A%2F%2Fwww.br.de%2Ffernsehen%2Fard-alpha%2Fsendungen%2Falpha-forum%2Fguenter-gaus-gespraech100~attachment.pdf%3F&usg=AOvVaw18Dl7oaaUXZk2vgYp_j9-a [abgerufen am 24.02.2020]

Gaus, Günter. In: Der Freitag. 2003. Warum ich kein Demokrat mehr bin. Über die politische Kultur der Gegenwart. Online: https://www.freitag.de/autoren/der-freitag/warum-ich-kein-demokrat-mehr-bin [abgerufen am 28.02.2021]

Gaus, Günter. 1986. Die Welt der Westdeutschen. Kritische Betrachtungen. 1. Auflage 1988. Volk und Welt. Berlin.

Gaus, Günter. 1968. Vortragsmanuskript: Report, Panorama, Monitor – Wie sollen politische Sendungen aussehen? In: SWF Historisches Archiv. P28591.

Gaus, Günter. 2004. Widersprüche. Erinnerungen eines linken Konservativen. Ullstein. 1. Auflage 2006. Berlin.

Gaus, Günter. 2004. In: Willemsen, Roger. 2004. Mit einer Frage auf den Lippen. Der interviewte Interviewer: Roger Willemsen spricht mit

Günter Gaus. Online: https://www.medienkorrespondenz.de/leitartikel/artikel/mit-einer-frage-aufnbspdennbsplippen.html [abgerufen am 12.10.2020]

Gaus, Günter. 2004. Zur Person: Edelgard Bulmahn. Online: https://www.rbb-online.de/zurperson/interview_archiv/bulmahn_edelgard.html [abgerufen am 28.02.2021]

Gaus, Günter. 1968. Zu Protokoll: Gustav Heinemann. Online: https://www.youtube.com/watch?v=Sh9wkkSaQ8M&t=2s [abgerufen am 24.02.2021]

Gaus, Günter. 1964. Zur Person: Hannah Arendt. Online: https://archive.org/details/HannahArendtImGespraechMitGuenterGaus [abgerufen am 24.02.2021]

Gaus, Günter. 1966. Zur Person: Helmut Schmidt. Online: https://www.youtube.com/watch?v=x2xL0ZFaSFc&t=50s [abgerufen am 24.02.2021]

Gaus, Günter. 1965. Zur Person: Konrad Adenauer. Online: https://archive.org/details/AdenauerInterview [abgerufen am 05.01.2021]

Gaus, Günter. 1964. Zur Person: Willy Brandt. Online: https://archive.org/details/GA14NterGausImGesprAMchMitWillyBrandt1964 [abgerufen am 24.02.2021]

Gaus, Günter. 1967. Zu Protokoll: Rudi Dutschke. Online: https://archive.org/details/GA14NterGausImGesprAMchMitRudiDutschke1967 [abgerufen am 24.02.2021]

Gaus, Günter. 1972. Zu Protokoll: Rudolf Augstein. Online: https://www.youtube.com/watch?v=mHAWuhZXaVk [abgerufen am 24.02.2021]

Gepp, Thomas und Petzinna, Berthold. 2016. Friedhelm Baukloh: Dramaturg, Journalist, Lektor, In: Buch macht Geschichte. Beiträge zur Verlags- und Medienforschung. S. 69–85. De Gruyter Saur. Berlin / Boston

Henneberg, Hellmuth. 2004. Erlauben Sie eine letzte Frage. Online: https://www.youtube.com/watch?v=vYr97Wiv8VI [abgerufen am 11.01.2021]

Hodenberg, Christina. 2006. Konsens und Krise. Eine Geschichte der westdeutschen Medienöffentlichkeit 1945–1973. Wallstein Verlag. Göttingen.

Le Bon, Gustave. Psychologie der Massen. 1922. Ayra Publishing. o. J. Sofia.

Lewin, Kurt. 1943. Der Sonderfall Deutschland. In: Lewin, Kurt. 1953. Ausgewählte Abhandlungen über Gruppendynamik. Christian-Verlag. Bad Nauheim.

Lohrmann, Julia. 2020. Geschichte der Menschenrechte. Die Allgemeine Erklärung der Menschenrechte. Online: https://www.planet-wissen.de/geschichte/menschenrechte/geschichte_der_menschenrechte/pwiedieallgemeineerklaerungdermenschenrechte100.html [abgerufen am 25.02.2021]

Manig, Bert-Oliver. Deutschlandfunk. 2019. Von der Arbeiterpartei zur linken Volkspartei. Online: https://www.deutschlandfunk.de/godesberger-programm-der-spd-von-der-arbeiterpartei-zur.871.de.html?dram:article_id=463403 [abgerufen am 23.01.2021]

Moses, Dirk. 2000. Die 45er. Eine Generation zwischen Faschismus und Demokratie. In: Neue Sammlung. 40. 2000., S. 233–263. Seelze-Velber : Friedrich. 2. Auflage.

Military government. um 1945. Germany, Supreme commander's area of control, »Law No. 191« / Militärregierung – Deutschland, Kontroll-Gebiet des obersten Befehlshabers, »Gesetz Nr. 191« (Suspension of press, radio and entertainment, and prohibition of activities of the Reichsministerium für Volksaufklärung und Propaganda / Einstweilige Schließung des Zeitungsgewerbes, Rundfunks, Vergnügungsgewerbes, und Untersagung der Tätigkeit des Reichsministeriums für Volksaufklärung und Propaganda). um 1945. Stadtarchiv Mainz, ZGS / D 5, 26. Mainz. In: Deutsche Digitale Bibliothek. Online: https://www.deutsche-digitale-bibliothek.de/item/IKQMUTFIJGTQW3GZVEELZLMDOGVIINCH [abgerufen am 03.01.2021]

Nölke, Stefan. MDR. o. J. Gretchen Dutschke im Gespräch. »Das Land braucht große Veränderungen«. [17:11] Online: https://www.mdr.de/kultur/buchmesse/audios-und-videos/video-gretchen-dutschke-klotz-buchmesse-leipzig-100.html [abgerufen am 18.02.2021]

Parlamentarischer Rat. 1949. Grundgesetz für die Bundesrepublik Deutschland. Das Grundgesetz der BRD ist online einsehbar: https://www.gesetze-im-internet.de/gg/art_5.html [abgerufen am 03.01.2021]

Pöttker, Horst. Bundeszentrale für politische Bildung. 2012. Meilenstein der Pressefreiheit – 50 Jahre »Spiegel«-Affäre. Online: https://www.bpb.de/apuz/140234/meilenstein-der-pressefreiheit-50-jahre-spiegel-affaere [abgerufen am 05.01.2021]

Ready, Romilla und Burton, Kate. 2005. Neurolinguistisches Programmieren für Dummies. WILEY-VCH Verlag GmbH & Co. KGaA. Weinheim.

Requate, Jörg. »Zur Person« In: Sabrow, Martin. 2006. Zeithistorische Forschungen/Studies in Contemporary History 3. S. 308–314. Vandenhoeck & Ruprecht.

Rundfunk Berlin Brandenburg. 2008. Biografie. Günter Gaus. Online: https://www.rbb-online.de/zurperson/die_sendung/guenther_gaus.html [abgerufen am 08.01.2021]

Rundfunk Berlin Brandenburg. 2020. Die Mörder sind unter uns. Trümmerfilm und erster deutscher Spielfilm der Nachkriegszeit. Mit Hildegard Knef in der Hauptrolle. Online: https://www.rbb-online.de/film/mediathek/die/die-moerder-sind-unter-uns.html [abgerufen am 04.01.2021]

Sabrow, Martin. 2006. Zeithistorische Forschungen/Studies in Contemporary History 3. Vandenhoeck & Ruprecht.

Schelsky, Helmut. 1963. Die skeptische Generation. Eine Soziologie der deutschen Jugend. Eugen Diederichs Verlag. Düsseldorf-Köln

Schneider, Kurt. ARD. 2020. Politische Skandale. Spiegel-Affäre. Online: https://www.planet-wissen.de/geschichte/deutsche_geschichte/politische_skandale/pwiespiegelaffaere100.html#Fehde_Strauss_gegen_Augstein [abgerufen am 05.01.2021]

Schubert, Klaus und Martina Klein. 2018. Das Politiklexikon. 7. Auflage. Dietz. Bonn.

Vereinte Nationen. 1948. Resolution der Generalversammlung 217 A (III). Allgemeine Erklärung der Menschenrechte. Art. 19. Online: https://www.un.org/depts/german/menschenrechte/aemr.pdf [abgerufen am 03.01.2021]

o. A. o. J. Zur Person. Online: https://www.fernsehserien.de/zur-person [abgerufen am 08.01.2021]

Zeitfracht Medien GmbH
Ferdinand-Jühlke-Straße 7
99095 Erfurt, Deutschland
produktsicherheit@kolibri360.de